古写真・資料でみる

松永安左エ門と福岡の近現代史

益田　啓一郎

Tenjinmachi, Fukuoka.　（福岡名所）天神町交叉點

海鳥社

福岡から電力王への軌跡

松永安左エ門は同窓（慶應義塾）の盟友・小林一三の影響を受けて、事業の広告宣伝にも積極的に力を注ぎました。当時の絵葉書やポスターは最先端の広告ツールで、松永の事業も数多くの絵葉書が制作されています。

福博電気軌道 開業記念絵葉書

1910（明治 43）年 3 月 8 日の日付印
所蔵：益田啓一郎

1910（明治 43）年 3 月 9 日、福博電気軌道は大学前〜黒門橋・呉服町〜博多停車場前間（6.4km）で運輸営業を開始しました。

左上）福博電車開通絵葉書（呉服町交差点）
1910（明治 43）年 3 月 8 日の日付印
所蔵：益田啓一郎

左下）福博電車開通絵葉書（西大橋）
1910（明治 43）年 3 月 8 日の日付印
所蔵：益田啓一郎

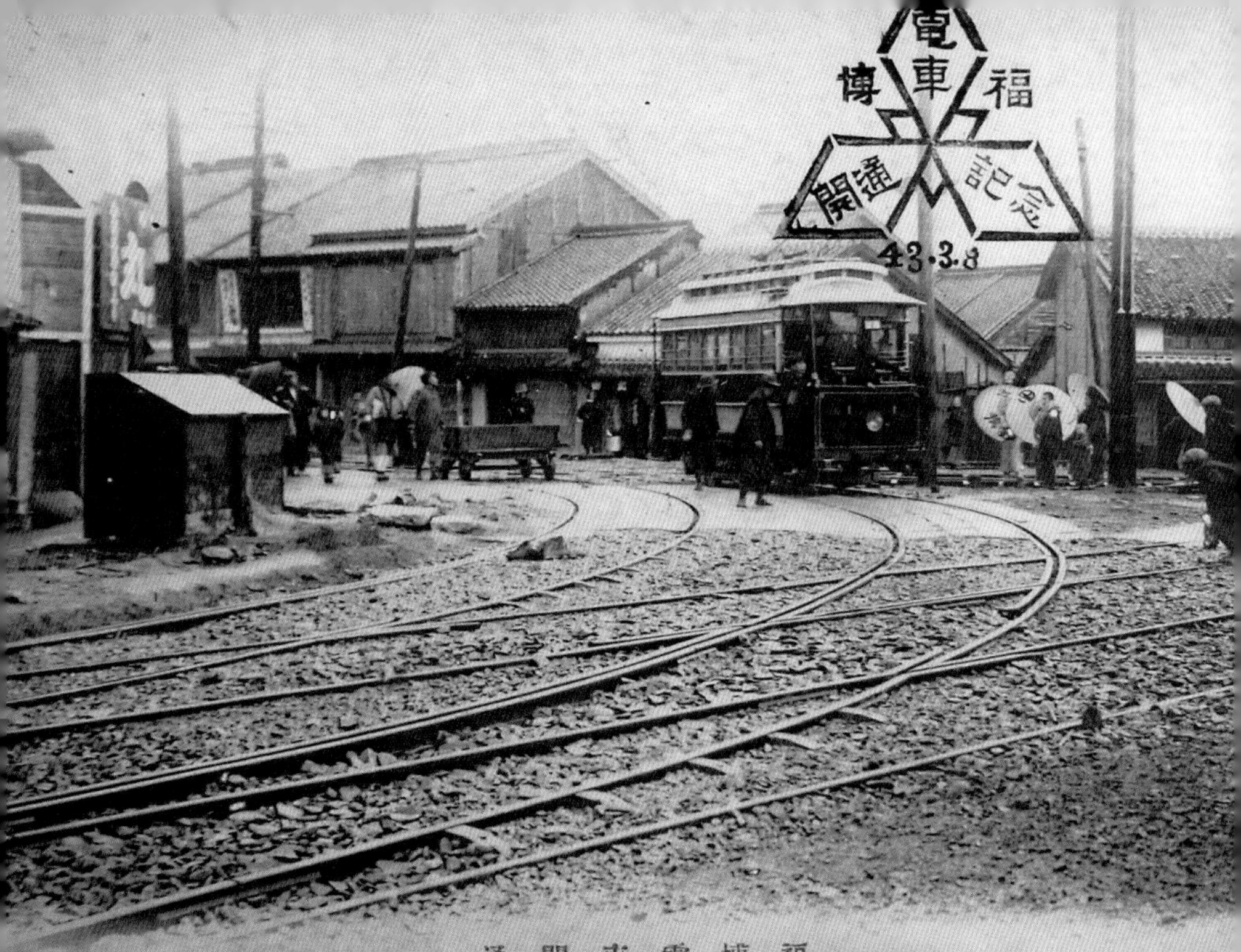

福博電車開通

福岡市西大橋上ノ電車運轉

Fukuhaku Hanadenshiya　（其五）車電花道鐵氣電博福

Denshiya　Fukuhaku.　車電博福

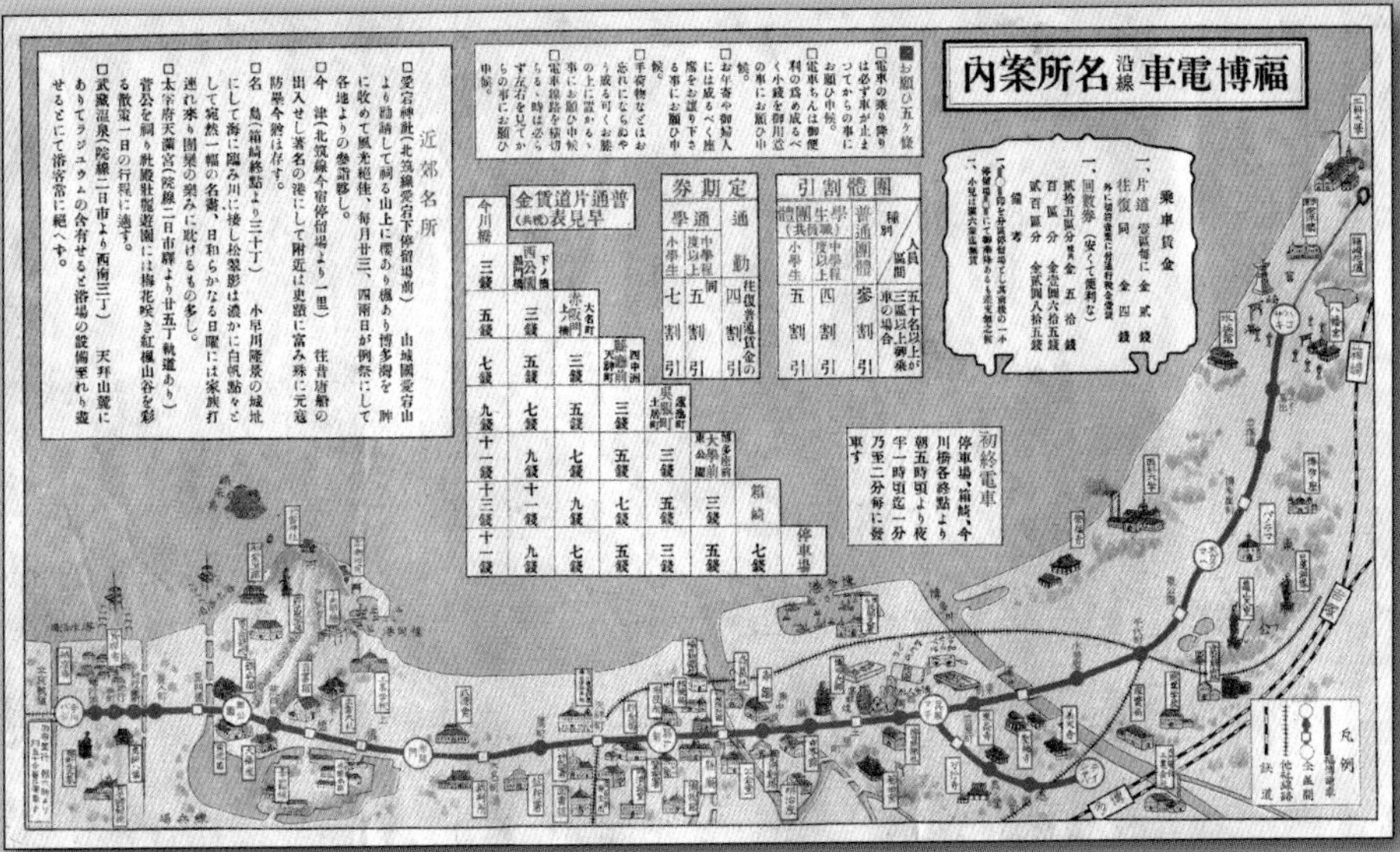

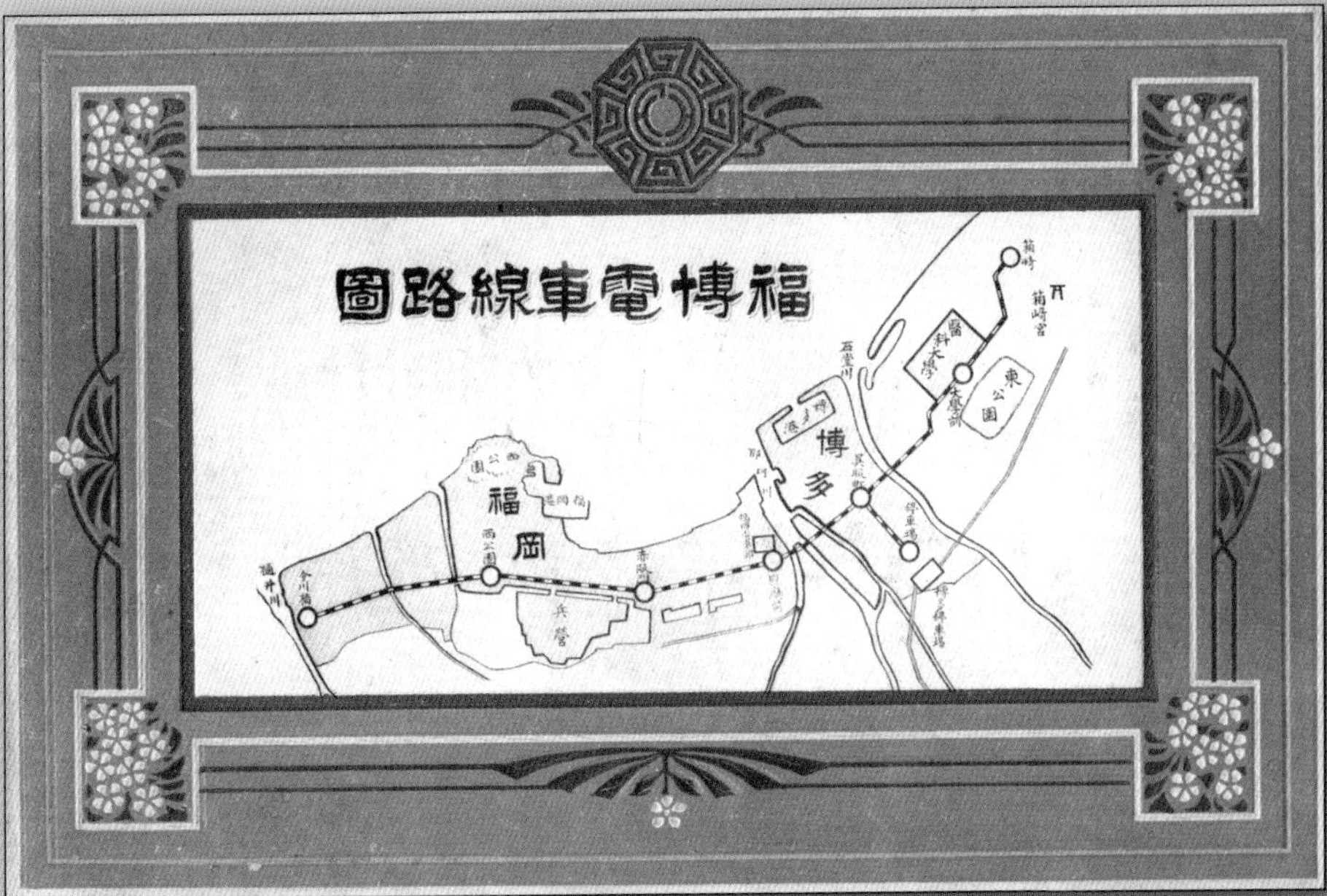

左上）福博電車沿線名所案内
1914（大正 3）年頃
所蔵：益田啓一郎

左下）福博電車線路図（絵葉書）
1914（大正 3）年頃
所蔵：益田啓一郎

右上）福博電車開通花電車（東中洲）絵葉書
1910（明治 43）年 3 月、共進会の日付印
所蔵：益田啓一郎

右下）福博電車開通（東車庫）絵葉書
1910（明治 43）年 3 月 8 日の日付印
所蔵：益田啓一郎

九州電灯鉄道本社ビル新築落成記念絵葉書

1917（大正 6）年 7 月 5 日
所蔵：益田啓一郎

松永は 1917（大正 6）年 7 月、九州電灯鉄道の本社を東中洲から天神町 58（現在の天神ビルの場所）に移転。鉄筋コンクリート 3 階建ての新本社ビルは、竣功当時福岡市最大の建築物として威容を誇り、屋上の時計台は天神町のシンボルとなった。

左上・左下）

九州電灯鉄道本社ビル新築落成式当日の光景（古写真）

1917（大正 6）年 7 月 5 日（九州電灯鉄道役員の旧蔵アルバムから）
所蔵：益田啓一郎

九州電灯鉄道本社ビル新築落成式当日の光景（屋上特設会場）

電燈電力地方別一覧

（大正拾貳年四月末）現在

所別		電燈		電力	
		需用家數	取付數	需用家數	馬力數
關西	名古屋	241,408	689,735	7,047	67,165
	岐阜	80,291	200,931	2,103	12,865
	四日市	66,265	125,501	637	3,046
	奈良	69,108	155,737	918	3,996
	豐橋	35,522	92,461	946	7,423
	小計	492,594	1,264,365	11,651	94,495
九州	福岡	63,141	205,615	989	8,081
	長崎	51,635	149,429	442	13,534
	佐賀	55,778	131,762	519	8,819
	下關	34,222	113,402	467	3,473
	佐世保	26,166	67,938	262	1,117
	久留米	36,344	98,457	477	5,713
	大牟田	29,264	59,099	138	819
	唐津	15,835	41,032	89	1,849
	小計	312,385	866,734	3,383	43,405
合計		804,979	2,131,099	15,034	137,900

關西供給區域及送電系統一覽

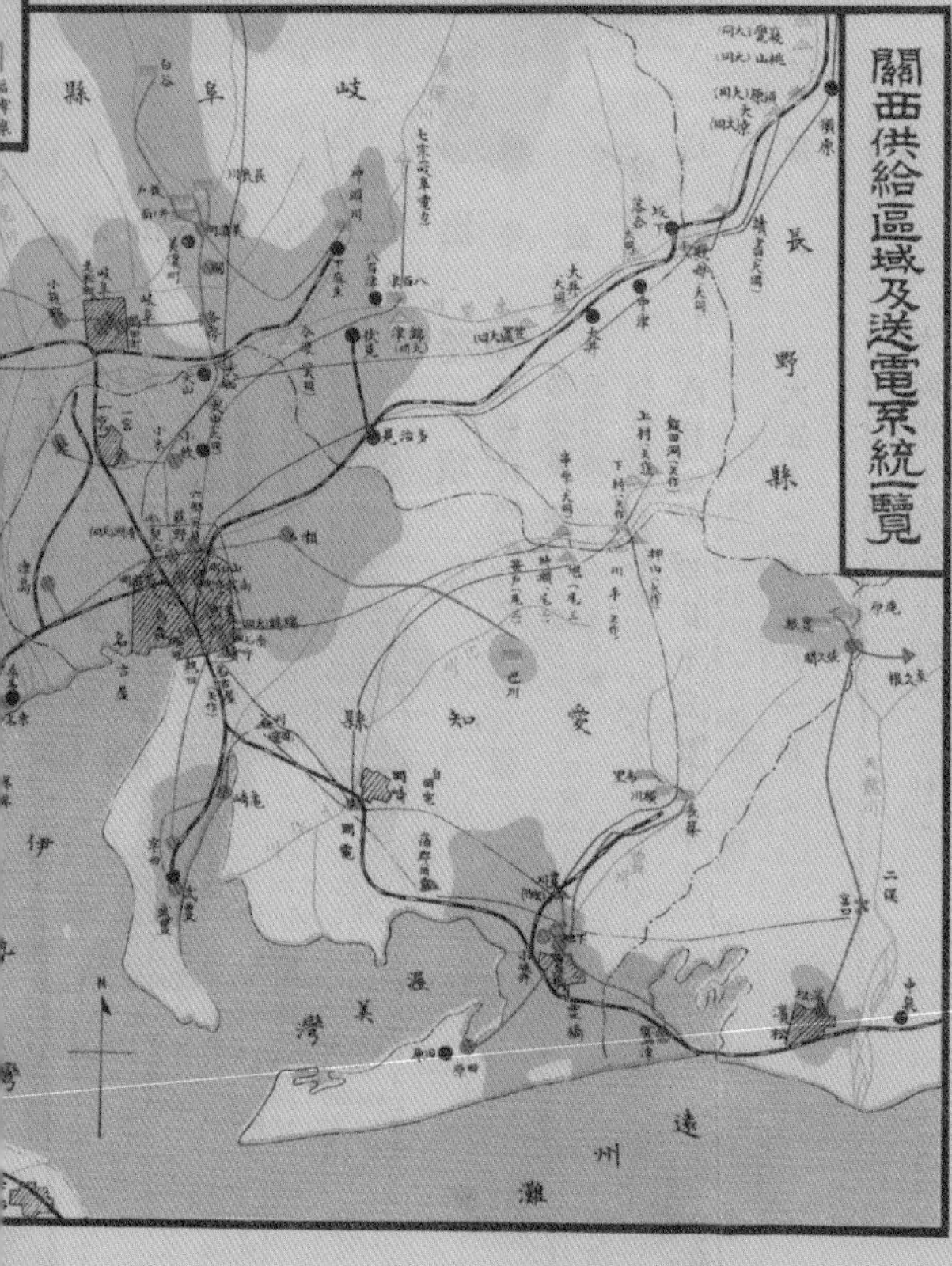

東邦電力株式會社合併系統圖

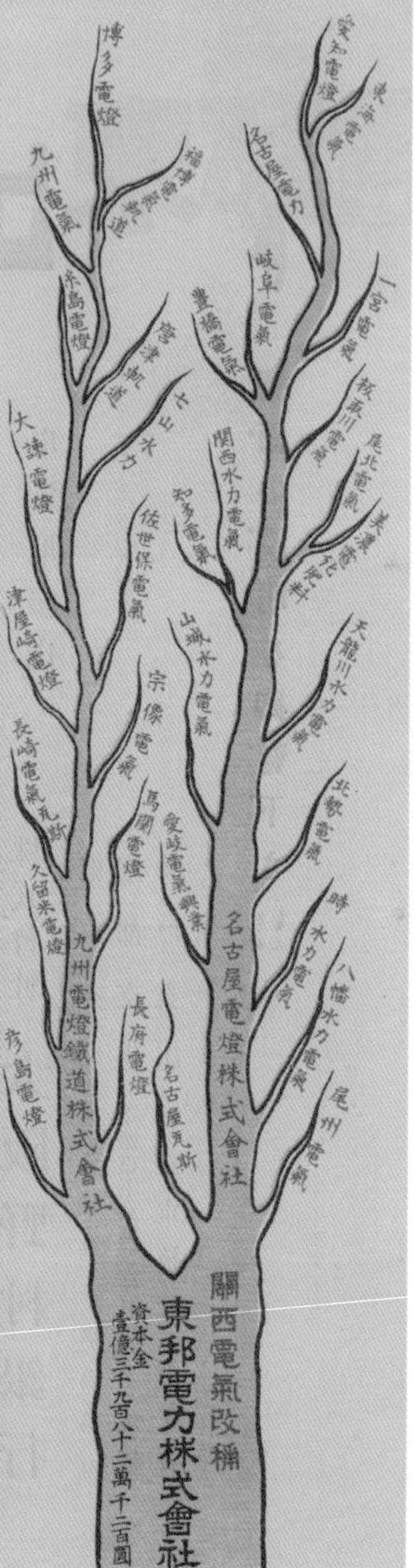

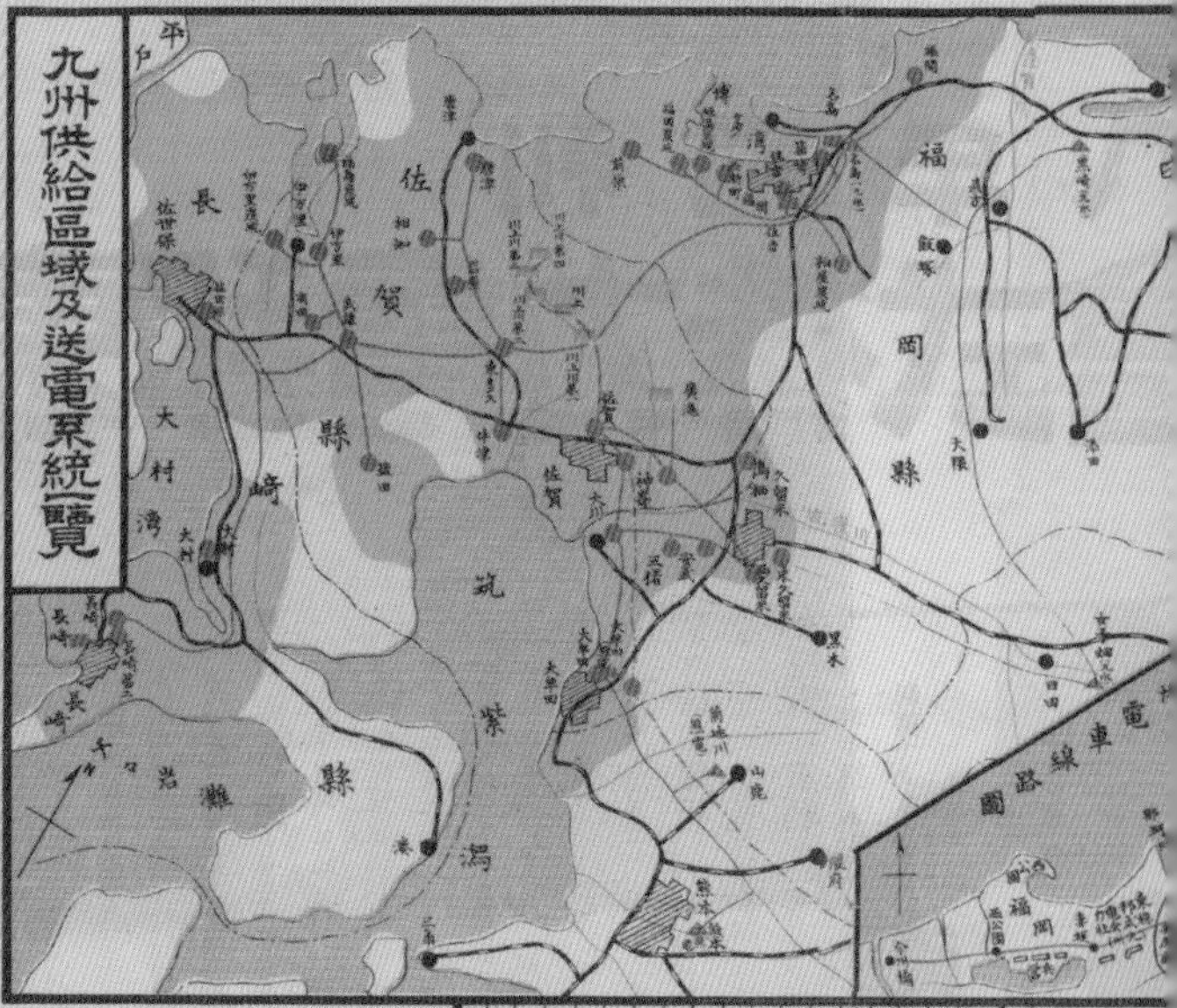

一、鐵道營業狀況（大正拾貳年上期）

	乘客人員	同賃金	前期比較（增）
電鐵	一三、二二〇、八七〇人	三七五、一三六円	七一、四九七円
軌道	三二五、六九〇	二六、〇二七	二七

二、瓦斯營業狀況（同上）

供給孔口數 瓦斯機關	一三、〇一七孔 九個	供給瓦斯量	五九、九六八、九四五立方呎

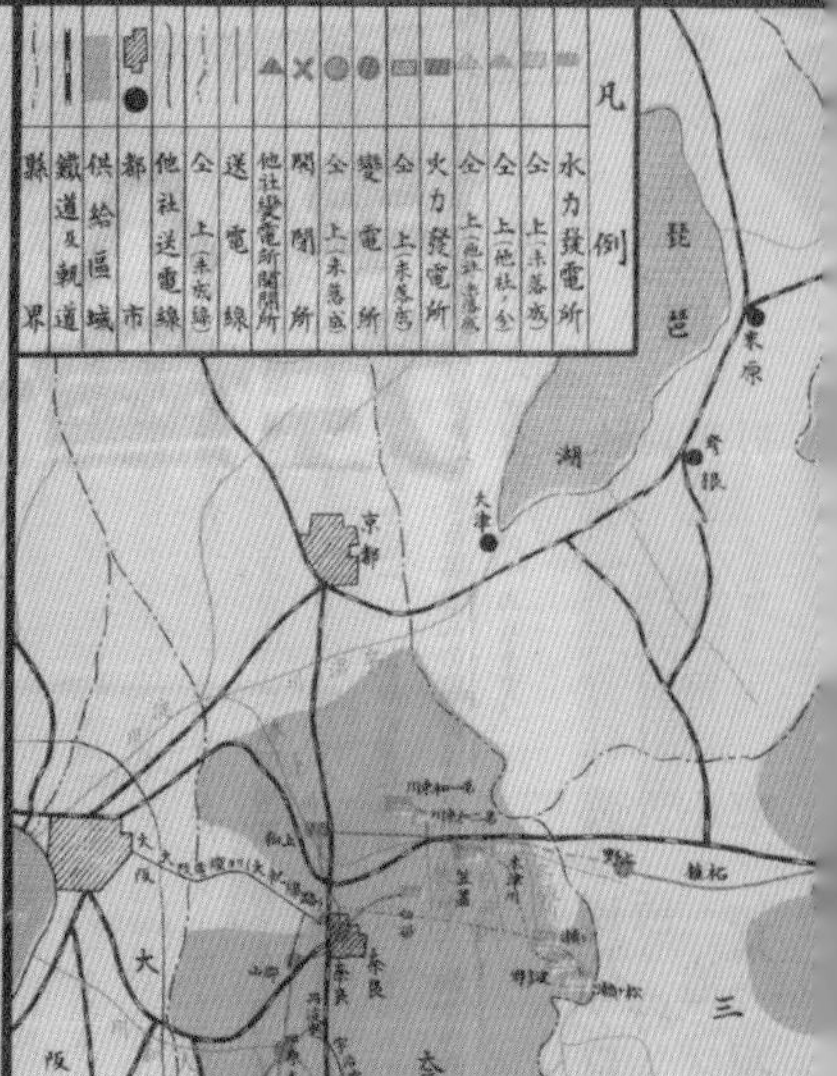

發電力

當會社現在の發電設備

水力（自家發電 四〇、一九一キロ／購入電力 五七、一八五キロ）計九七、三七六キロ

火力（常用 二七、九〇〇キロ／豫備 二三、二〇〇キロ）計五一、一〇〇キロ

合計 一四八、四七六キロ

右の外大同電力其他の姉妹會社より優先的に動力の供給を受け將來の需用增加に應ずるの準備あるも猶將來を慮り自家發電工事を進捗し以て事業の確實と經濟を計れり目下水利權の許可を得たるもの及出願中のものを合せ數十萬馬力に達す

社債引受銀行

大阪市 株式會社藤本ビルブローカー銀行

東京市 株式會社小池銀行

大阪市 株式會社大阪野村銀行

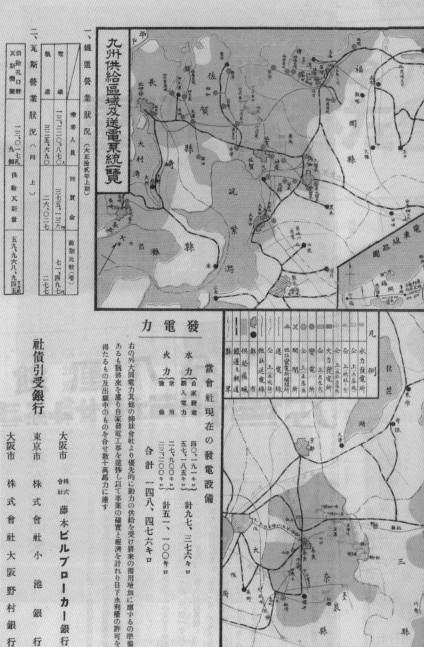

九州鉄道開通「九鉄と沿線」案内

1924（大正 13）年 10 月・九州鉄道発行

所蔵：益田啓一郎

1924（大正 13）年 4 月 12 日、九州鉄道は九鉄福岡〜九鉄久留米間で運輸営業を開始。福岡駅前に電気食堂や賃貸式商店街・九鉄マーケットを順次開業した。

九鉄福岡駅と九鉄マーケット

1927（昭和 2）年頃・絵葉書

所蔵：益田啓一郎

右）大保ゴルフ場（九鉄沿線）
1938（昭和13）年頃・九州鉄道発行（絵葉書）
所蔵：益田啓一郎

下）春日原遊園地（九鉄沿線）
1938（昭和13）年頃・九州鉄道発行（絵葉書）
所蔵：益田啓一郎

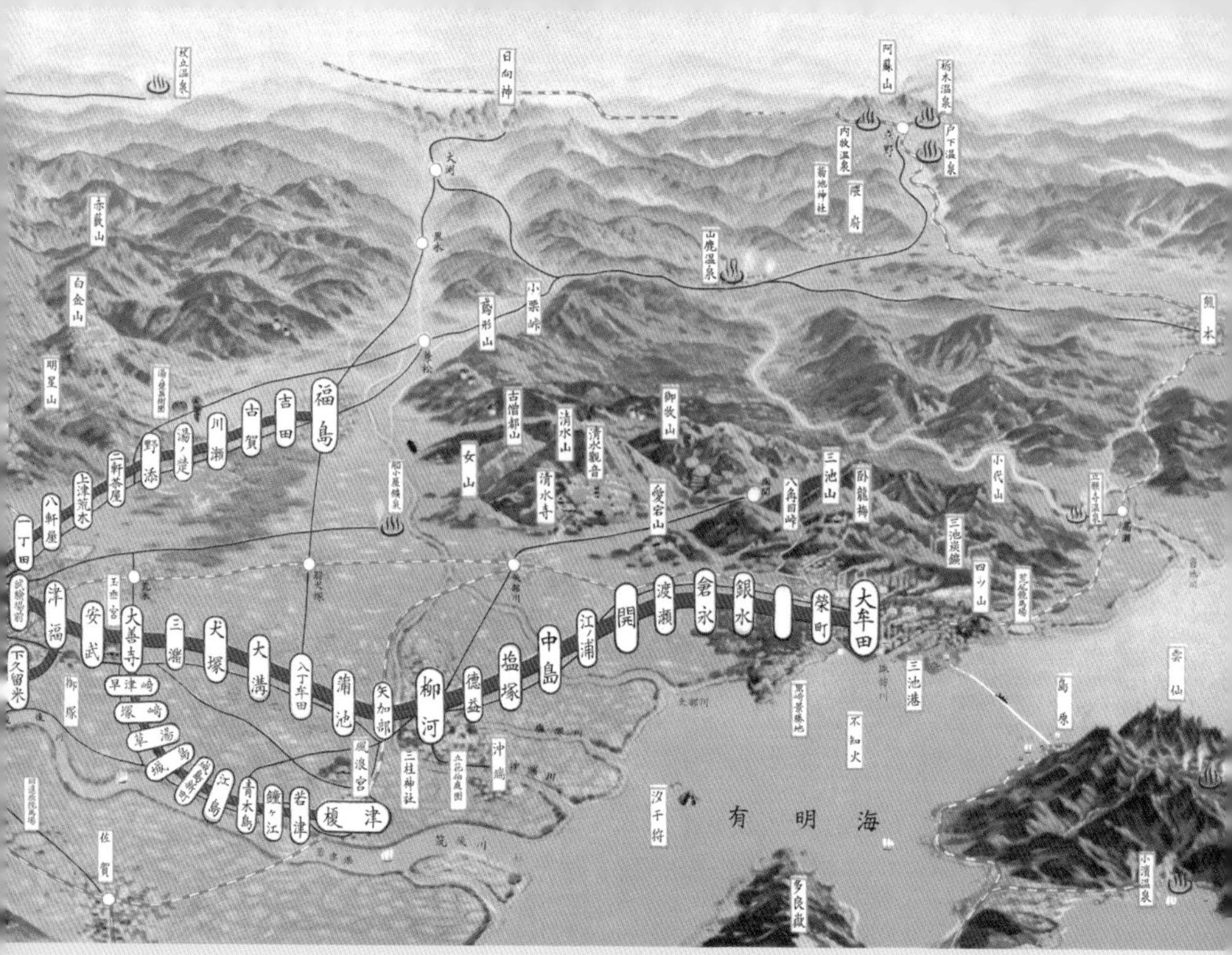

九州鉄道沿線案内図（大牟田全通時）

1939（昭和 14）年・九州鉄道発行　所蔵：益田啓一郎

1939（昭和 14）年 7 月 1 日、九州鉄道（現・西鉄天神大牟田線）は大牟田まで全通。沿線案内や名所絵葉書を複数刊行した。

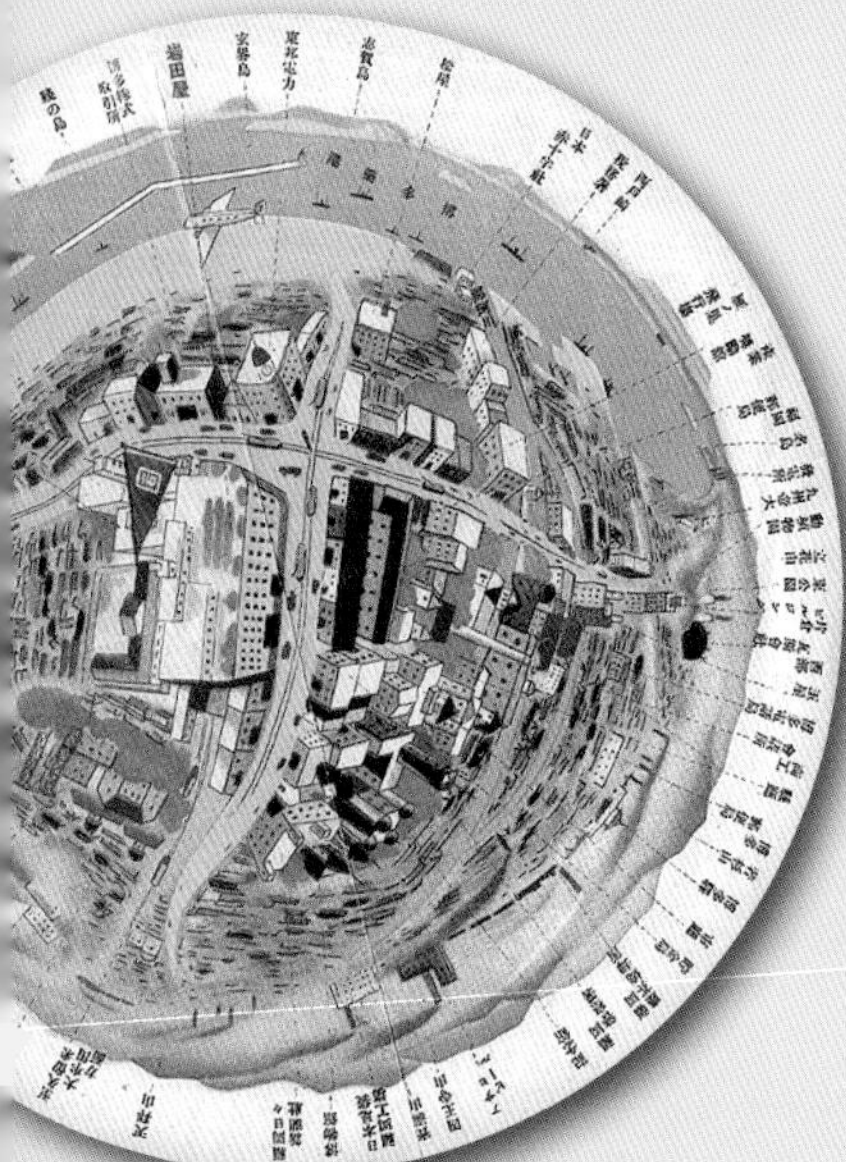

岩田屋百貨店チラシ

1938（昭和 13）年・岩田屋

所蔵：益田啓一郎

景勝の筑紫路（記念絵葉書）表紙

1939（昭和 14）年・九州鉄道発行　所蔵：益田啓一郎

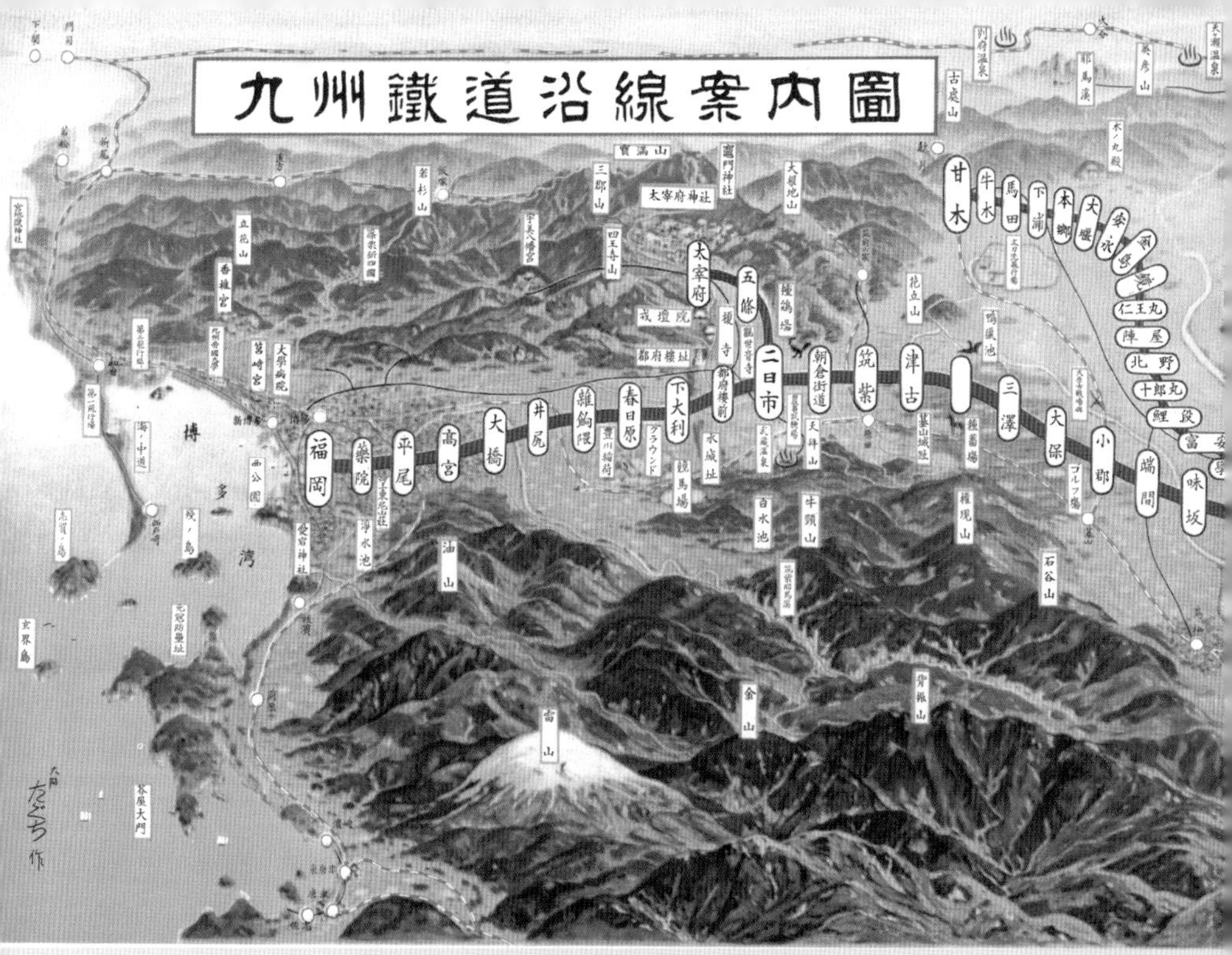

岩田屋百貨店開業絵葉書

1936（昭和 11）年 10 月・岩田屋

所蔵：益田啓一郎

電力の鬼・松永安左エ門記念館

壱岐 松永記念館（壱岐市）

長崎県壱岐市石田町にある松永安左エ門の生家跡に隣接して、１９７１（昭和46）年7月24日に開館したのが「松永記念館」です。正式名称は「電力の鬼・松永安左エ門記念館」、壱岐市ふるさと資料館を併設しています。

これは、旧壱岐郡石田村（長崎県壱岐市石田町）の町制施行の記念事業として１９７０（昭和45）年8月より記念館の建設が開始され、現存する生家と土蔵を補修。新たに鉄筋コンクリート造平屋建ての記念館を建設したものです。松永は完成直前の１９７１（昭和46）年6月16日に永眠し、残念ながら同館を訪れることは叶いませんでした。

２００４（平成16）年4月1日の壱岐市の発足により、記念館の運営は石田町から壱岐市に移り現在に至ります。

館内では、松永が生前愛用した所持品や文書などが展示され、「日本の電気王」・「電力の鬼」と称された偉業にとどまらず、日本を代表する茶人としての偉業も知ることができます。

松永が福博電気軌道の設立に関係したことから、１９７９（昭和54）年2月に全廃された西鉄福岡市内線の車両（５００形５１６号）1台が記念館敷地内に保存展示されています。庭園の石畳も同福岡市内線の軌道敷石を移設したものです。

松永安左エ門記念館

（“電力の鬼” 松永安左エ門記念館）

所 在 地：長崎県壱岐市石田町印通寺浦 360 番地（〒811-5214）
見学時間：9：00 ～ 17：00（休館日火曜日午後・水曜日）
料　　金：大人 100 円、中学生以下 50 円、15 人以上 2 割引
お問合せ：TEL 0920-44-6688

516

東邦電力時代のマンホール蓋
大正11年（1922）名古屋関西電気と九州
電灯鉄道とが合併し東邦電力が誕生する。このマ
ンホールの蓋は昭和50年代まで福岡市内で使用
されていた東邦電力時代のものである。

はじめに

2021（令和3）年は、戦後の9電力体制の主導役としても知られる「電力王」松永安左エ門の没後50年にあたります。長崎県壱岐出身の松永は1910（明治43）年に開業した福博電気軌道の経営を皮切りに、現在の九州電力・西日本鉄道・西部ガスの基礎を築き、福岡市をはじめとする北部九州の近代化に大きく貢献しました。北部九州および中部地区での地盤を足掛かりに、関西や東京でも勢力を広げ、1920年代末には「電力王」とまで呼ばれる存在になります。

これまで松永に関する書籍や小説は、本人筆の自伝を含めて多数ありますが、福岡市および北部九州での松永の活動や功績については断片的な記載しかありません。

没後50年の節目にあたり、筆者個人が永年収集してきた松永に関係する古写真・資料を一冊にまとめたいと考え、先年執筆させていただいた西日本鉄道110年史「天神発展史」や、にしてつWEBミュージアムの特集「松永安左エ門と天神大牟田線」執筆時の資料を含めて、多くの写真・図版を掲載したビジュアル本の制作を企画しました。

福岡の近現代史の一端を学べるような、歴史の副読本的な活用もできるような書籍を目指して、編纂させていただきました。

最後に、発刊へご協力いただいた西日本鉄道株式会社、壱岐市教育委員会および壱岐松永記念館、発刊の機会をいただいた海鳥社に感謝申し上げます。

2021（令和3）年9月

益田 啓一郎

九州電灯鉄道の PR 絵葉書
1917（大正 6）年 7 月 5 日
所蔵：益田啓一郎

松永安左エ門の福岡での活躍のきっかけとなった広滝水力電気発電所（九州電力広滝第一発電所）
2021（令和 3）年 7 月撮影

第一章 若き日の松永安左エ門

「古写真・資料でみる」

松永安左エ門と福岡の近現代史

もくじ

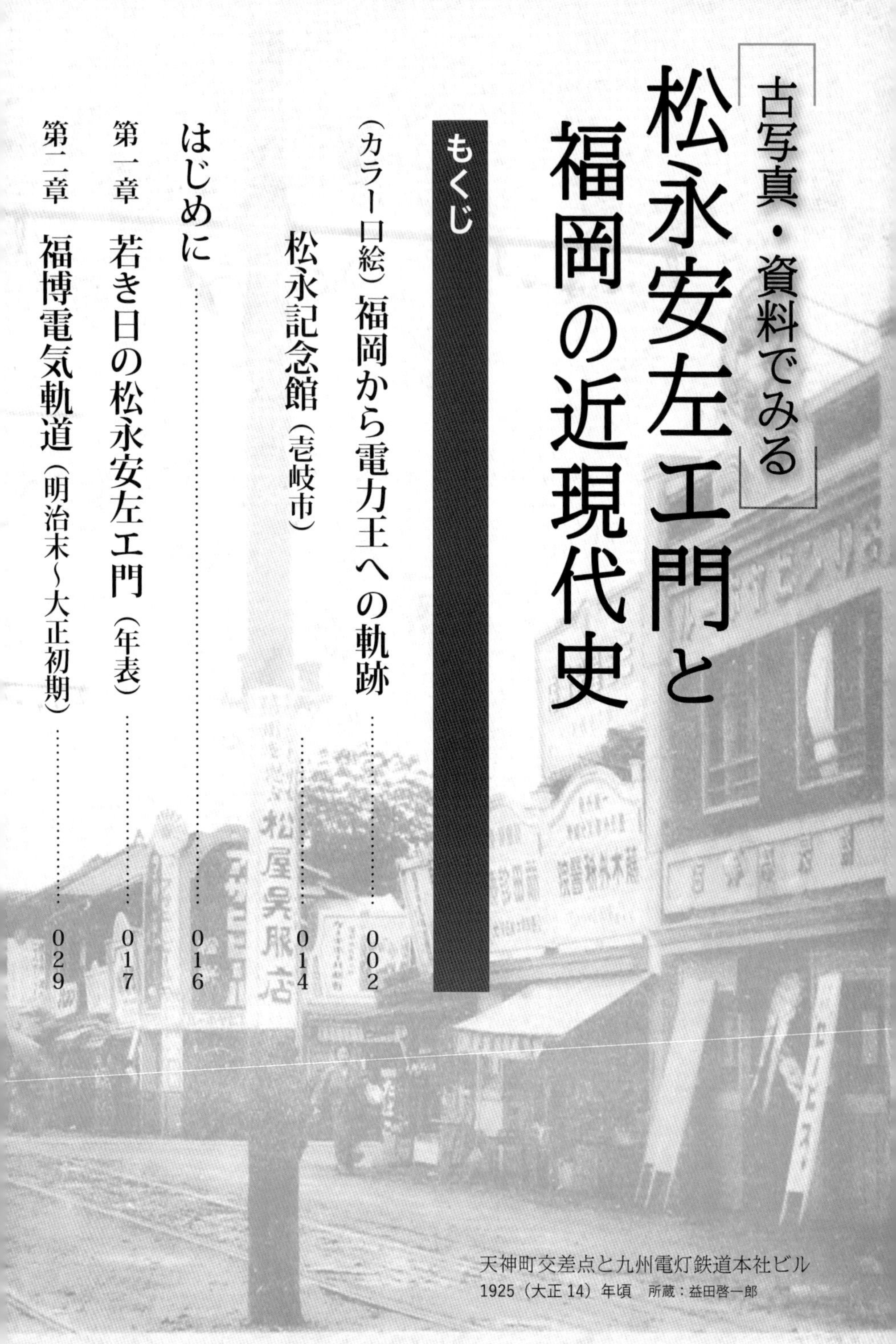

天神町交差点と九州電灯鉄道本社ビル
1925（大正14）年頃　所蔵：益田啓一郎

若き日の松永安左エ門①

壱岐島に生まれ慶應義塾に学ぶ

松永安左エ門は1875（明治8）年12月1日、長崎県壱岐島に生まれました。幼名は亀之助、生家は壱岐で交易・酒造業・呉服・雑貨・穀物の取扱いや水産業を幅広く営む商家でした。15歳で上京して福澤諭吉の慶應義塾（予科）に入学し学問に取り組みます。

米国留学をめざして英語を学びますが、1893（明治26）年、18歳の時に父（二代目・安左エ門）の死去にともない慶應を一時休学。壱岐へ帰郷し家督を継いで三代目・安左エ門となりました。

1895（明治28）年、21歳の時に家業を弟に継承させて慶應義塾に戻り、法科（本科）へ進みます。ここで福澤諭吉に親近し、経済学や実業人としての思考を学び大きな影響を受けました。

慶應時代、松永はのちに名を成した幾多の学友と交遊します。加藤武男（三菱銀行頭取）、小山完吾（時事新報社長）、小林一三（阪急東宝グループ創設者）創設者や九州電灯鉄道（のち東邦電力）で行動を共にする田中徳次郎らがいました。なかでも彼の人生行路に大きな方向付けをした福澤桃介（福澤諭吉の娘婿）と出会い親交を深めたのもこの頃です。

松永は福澤諭吉に親近し毎朝5時からの散歩のお伴をするなど、積極的に学びの機会を作り、福澤の思想を吸収していきます。国元から資金を得て株式募集に応募して稼ぐなど、経験を積むなかで経済感覚も身につけていきました。

松永自身、自伝の中で「先生のお話のうち、若い頃はさほど気にとめなかったことでも、経験を経るにしたがって生きてきたし、大きな意義がわかってくることが多かった」と記しています。

右）
松永安左エ門 25歳の頃
1901（明治34）年頃
日本経済新聞社「私の履歴書」（1980年刊行）より

左）
松永安左エ門 35歳の頃
1910（明治43）年頃
夕刊フクニチ新聞社「図説 福岡県の歩み」（1964年刊行）より

明治末年頃の慶應義塾　1910（明治 43）年頃・絵葉書　所蔵：益田啓一郎

松永安左エ門 42 歳の頃（左から小林一三、田中徳次郎、松永安左エ門、山口恒太郎）
1918（大正 7）年頃　宇佐美省吾著「松永安左エ門伝」（日本財界人物伝全集・1954 年）より

名島火力発電所 1930（昭和5）年頃・絵葉書　所蔵：益田啓一郎

若き日の松永安左エ門②

福澤桃介とともに福松商会を設立

松永は１８９８（明治31）年、福澤諭吉に相談の上で慶應義塾法科を中退します。その後、福澤桃介の紹介で日本銀行に入行しますが一年で退職します。

その後、１８９９（明治32）年に桃介が設立した丸三商会を経て、神戸で石炭を扱う福松商会を桃介とともに設立。社名は二人の共同事業である事から、頭文字をとって名づけられました。

福松商会での松永は経営・営業の全てを担い、実業家への第一歩を踏み出します。北海道炭の取扱いを皮切りに筑豊炭の取扱いも増やし、積み出し港である若松への筑豊炭鉱鉄道（現ＪＲ筑豊本線）での石炭取扱量は住友や安川など財閥をしのぎ、１９０５（明治38）年頃には最大手の三井物産と肩を並べるほどとなりました。

しかし、松永は「自分でやま（炭鉱）を持てばさらに儲かる」と考えて筑紫炭鉱や天草炭鉱を買取ったものの、見込み違いで大損をして炭鉱経営から撤退。さらに桃介を見倣って手を出した株式取引でも大損をしてしまいます。

同じ頃、新婚早々の大阪角田町の自宅も火災類焼で全焼するなど裸一貫となり、１９０７（明治40）年に呉田の浜（現・神戸市灘区）に蟄居し、以降２年間を呉田で過ごしました。

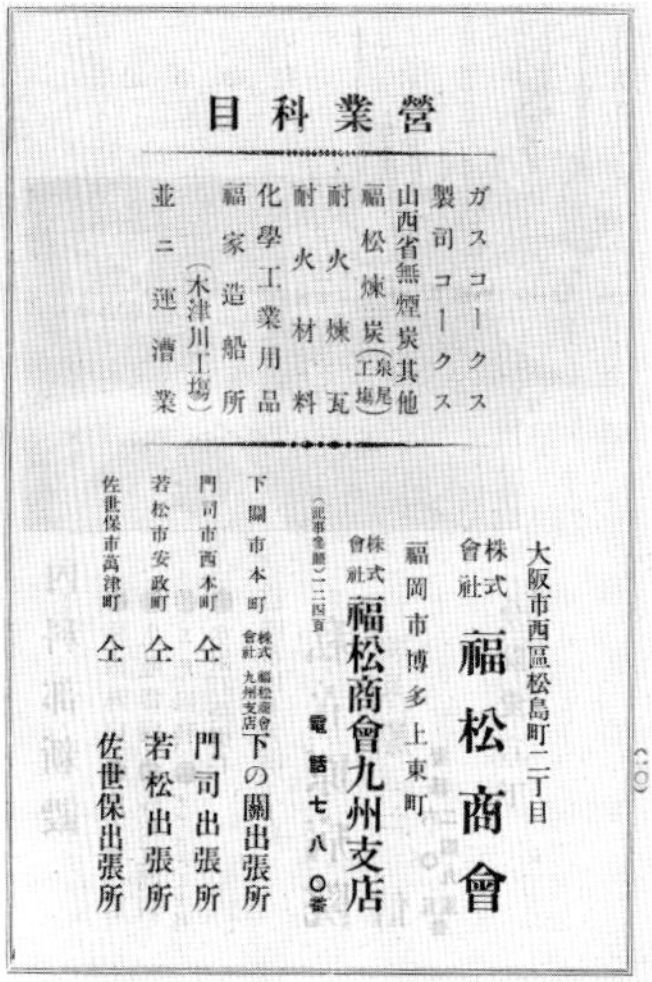

福松商会の広告
1918（大正 7）年
冊子「福岡市大観」掲載の広告
所蔵：益田啓一郎

松永が蟄居した頃の呉田の浜
1912（明治 45）年・絵葉書
所蔵：益田啓一郎

若松での石炭荷役検量の景　1907（明治 40）年頃・絵葉書　所蔵：益田啓一郎

上：明治時代の川船での石炭運搬、下：鉄道運搬
筑豊炭鉱業会創立 50 周年記念絵葉書より
所蔵：益田啓一郎

上：明治時代の運搬、下：明治時代の手掘り採炭
筑豊炭鉱業会創立 50 周年記念絵葉書より
所蔵：益田啓一郎

若き日の松永安左エ門③

広滝水力電気の監査役となる

松永安左エ門が福松商会で石炭バイヤーとして大活躍していた1906（明治39）年、福岡市議会の一行が神戸の松永のもとを訪れます。

福岡市を東西に横断する市街電車「福博電気軌道」設立への参加を要請された松永は、求めに応じて福岡市を訪れて実地調査を行い事業計画書を提出。平行して東京・京都・大阪といった市電先進地の視察も繰り返しました。

1908（明治41）年1月、福澤桃介と松永は福岡・佐賀両県にまたがる広滝水力電気に参加します。松永は監査役となり、ここで電力事業参画の第一歩を踏み出したのです。

福博電気軌道と広滝水力電気の双方の設立に関わり、二人を引き込んだのは福岡市の太田清蔵（四代目）でした。

太田は福岡市初の電灯事業「博多電灯」の創立者の一人で、博多絹綿紡績、博多湾鉄道の社長を務め、同年に衆議院議員となった福博きっての財界人で、福岡の近代化を進めた人物です。

太田は1897（明治30）年に開業した博多電灯の経営が安定すると、近代化への次のステップとして市街電車の敷設を目論みますが、当時の福岡市の人口は8万人に満たない地方の小都市で、採算性の見込みがたたず具体的な事業計画が頓挫していました。

電力需要の増加にともない、博多電灯では明治30年代後半には東中洲に開設された火力発電所だけでは供給不足に陥ります。

太田は取締役に名を連ねていた佐賀の牟田萬次郎が計画した水力発電事業（広滝水力電気）との合同を目論みますが、火力発電専業の考えをもつグループとの社内調整に失敗し、まもなく社長を辞任しました。

右　：広滝水力電気本社（佐賀市唐人町）
左上：広滝水力電気・発電所
左下：広滝水力電気・発電所内部
（現・九州電力広滝第一発電所）
1908（明治 41）年 10 月撮影（古写真）
所蔵：益田啓一郎

1906（明治 39）年、佐賀県に設立された広滝水力電気は、博多電灯（太田清蔵社長）の取締役に名を連ねていた佐賀の牟田萬次郎が計画し、伊丹弥太郎ら佐賀県を代表する財界人が発起人に名を連ねた。筑後川水系の城原川（現・神埼市脊振町広滝）に 1908(明治 41）年 10 月、総出力 1,000 キロワットの広滝発電所が竣工。1910（明治 43）年 9 月に九州電気となり、同社は発電所の竣工からわずか 2 年弱で消滅した。同発電所は現役で稼働する九州最古級の煉瓦造り水力発電所として現存している。

若き日の松永安左エ門④
軌道・電力事業へ進出する

「太田清蔵翁伝」等には、社長辞任時に太田が所有していた広滝水力電気の持株を福澤桃介に譲ったことが、松永と桃介が福博電気軌道の経営に携わる原点となったと記されています。

1910（明治43）年3月に第13回九州沖縄八県連合共進会の開催が決定した福岡市では、都市発展に欠かせない交通体系の整備が必要不可欠となり、福博電気軌道の建設気運が高まります。

しかし莫大な先行投資が必要な軌道事業に対し、地元だけでは資金調達が困難でした。そのため松永が奔走して東京・名古屋・関西で出資者を見つけ、投資を渋る桃介を説得したのです。

松永の尽力により福博電気軌道は1909（明治42）年8月31日に発起され、同年9月27日には桃介が社長、松永が専務となり、資本金60万円で設立されました。取締役には山口恒太郎（博多電灯社長、福岡日日新聞社長他）や渡邊綱三郎（「紙与」渡邊與八郎の実弟）らが加わっています。本社は福岡市天神町95番地に置かれました。

専務となり実際の経営を担うこととなった松永は、福博電気軌道の設立に合わせて自らの拠点を福岡市へ移します。共進会の開催までわずか5ヶ月、軌道敷設突貫工事の陣頭指揮をとりました。

道路や橋梁の新設・改修工事は福岡市が担当した福博電気軌道の建設でしたが、用地買収・立ち退き保証の交渉には松永自身が当たりました。

この時、交渉相手だった松本治一郎（松本組創業者、のち衆議院議員）と懇意になり、福岡時代の松永の後援者となっています。

廣滝水力電気・発電所遠景（古写真）
1908（明治41）年頃　所蔵：益田啓一郎

廣滝水力電気・制水タンク（古写真） 1908（明治41）年頃　所蔵：益田啓一郎

廣滝水力電気・水路取入口（古写真） 1908（明治41）年頃　所蔵：益田啓一郎

【松永安左エ門の九州・福岡関連略年表】

1875（明治8）年	松永安左エ門、長崎県壱岐島の商家に生まれる（12月）。
1888（明治22）年	慶應義塾に入学（9月）し、福沢諭吉のもとで学ぶ。
1906（明治39）年	福岡市議会有志より福博電気軌道の設立要請を受け、事業計画書を提出。
1908（明治41）年	福澤桃介と共に広滝水力電気に参加、電力事業への第一歩を踏み出す（1月）。
1909（明治42）年	福博電気軌道設立、松永安左エ門が専務取締役となる（8月）。
	福博電気軌道、軌道敷設工事起工。松永安左エ門が陣頭指揮をとる（9月）。
1910（明治43）年	福博電気軌道、開業を記念し花電車を運行（3月8日）。
	福博電気軌道、大学前～黒門橋間・呉服町～博多停車場前間の運輸営業開始（3月9日）。
	第13回九州沖縄八県連合共進会を肥前堀埋立地にて開催（3月9日～5月）。
1911（明治44）年	博多電燈、商号を「博多電燈軌道」に変更（6月29日）。
	博多電燈軌道、福博電気軌道を合併（11月）。
1912（明治45）年	博多電気軌道、博多駅～天神町～取引所前間を開通し天神町電停誕生（10月2日）。
	博多電燈軌道、九州電気を合併、商号を九州電灯鉄道に変更（6月29日）。
	松永安左エ門、九州電灯鉄道の常務取締役となる（～大正10年11月）。
1913（大正2）年	松永ら西部合同瓦斯設立（8月・西部ガスの前身）。
1915（大正4）年	筑紫電気軌道設立（10月、のち九州鉄道＝西鉄天神大牟田線の前身）。
1916（大正5）年	筑紫電気軌道、住吉町大字春吉字西中洲～太宰府町にて敷設特許（2月）。
1917（大正6）年	九州電灯鉄道、天神町交差点に新本社ビル落成（5月）、本社移転（7月5日）。
	第13回衆議院議員総選挙に出馬当選し、衆議院議員を一期務める。
1919（大正8）年	筑紫電気軌道、起点並びに線路変更許可（10月、福岡市天神町～筑紫郡二日市町大字紫 間）。
1921（大正10）年	松永安左エ門、九州電灯鉄道の副社長となる（大正10年12月～昭和3年4月）。
	筑紫電気軌道、商号を九州鉄道に変更（6月、西鉄天神大牟田線の前身）。
1922（大正11）年	九州電灯鉄道と関西電気が合併し、商号を東邦電力と改称（6月）。
1924（大正13）年	九州鉄道、福岡～久留米間開通（4月12日）。賃貸型店舗「九鉄マーケット」開業。
1928（昭和3）年	松永安左エ門、東邦電力社長に就任（昭和3年5月～昭和15年）。
1929（昭和4）年	東邦電力と九州鉄道、昌栄土地設立（10月、西鉄不動産の前身）。
1930（昭和5）年	九州鉄道、福岡-久留米間、急行列車運転開始（11月20日）。西部瓦斯設立（12月）。
1934（昭和9）年	博多電気軌道と東邦電力の軌道部門が合同し福博電車設立、営業開始（11月1日）。
1936（昭和11）年	九鉄福岡駅、移転営業開始（3月29日）。
	九州初のターミナル百貨店として、岩田屋開業（10月7日）。
1939（昭和14）年	九州鉄道、福岡～大牟田間全通（7月）。福岡～大牟田間で急行運転開始（11月1日）。
1942（昭和17）年	電気事業の国家管理政策により東邦電力解散、松永は引退し茶道三昧の日を過ごす。
1949（昭和24）年	松永安左エ門、電力事業再編問題にともない電気事業再編審議会会長として復活。
1951（昭和26）年	民間初のシンクタンク「電力中央研究所」を設立（晩年は自ら理事長に就任）。
1956（昭和31）年	シンクタンク「産業計画会議」を発足し主宰、国家的政策課題への政策提言を行う。
1959（昭和34）年	財団法人松永記念館設立、自宅に松永記念館本館を建て収集した古美術品を一般に公開。
1962（昭和37）年	松永の米寿を記念し、財団法人松永記念科学振興財団および松永賞が創設される。
1968（昭和43）年	慶應義塾命名百年式典にて、名誉博士の称号を授与される。
1971（昭和46）年	肺真菌症のため、慶應義塾大学病院にて死去（6月16日、享年95歳）。

第二章

福博電気軌道

（明治末〜大正初期）

福博電気軌道①

福博電気軌道の開業

1910（明治43）年3月9日、福博電気軌道は大学前～黒門橋・呉服町～博多停車場前間で運輸営業を開始しました。橋梁や用地費負担の軽減に加え、軌道まわりに敷石を用いず、レールも路面との面一を保つ溝型でなく通常の鉄道と同様の「工」字型を使用し、さらに架線に単線架空式を採用したことで、福博電気軌道の1マイルあたりの建設費は12万円強となりました。これは、神戸電気軌道の75万円、大阪市電の55万円に比べて圧倒的に廉価で建設され、その結果として1区1銭という、当時としては格安の運賃に設定されました。

開業式は前日の3月8日に行なわれましたが、実はその場に松永安左エ門の姿はありませんでした。明日は開業式という前夜、松永は慶應義塾時代の同窓である小林一三と共に大阪市で捜査当局に拘束され、堀川監獄で開業日を迎えました。

これは同年の初め、小林一三が計画していた箕面有馬電気軌道（阪急電車）の支線野江線建設許可申請に伴い、小林の依頼に応じて大阪市助役・市議へ運動（橋渡し）したことが発覚したためでした。

数日後、福澤桃介と、小林の親分である北浜銀行の岩下清周の働きかけで二人は無事に出獄しましたが、松永と小林の縁は後年、九州鉄道の設立と九州初のターミナル百貨店・岩田屋の誕生へと繋がります。

福博電気軌道は開業から間もなく路線を延長します。4月17日には大学前～箱崎口間、8月12日には箱崎口（後の吉塚道）～箱崎間、12月18日には黒門橋～地行間を延伸開業。翌1911（明治44）年3月11日には地行～今川橋間の運輸営業を開始しました。

上）福博電気軌道開通花電車
1910（明治43）年3月9日（絵葉書）
所蔵：益田啓一郎

左）福博電気軌道開通花電車
1910（明治43）年3月9日
書籍「図説福岡県の歩み」より・フクニチ新聞社

開業当時の福博電気軌道（川端通り電停）　1910（明治 43）年（絵葉書）　所蔵：益田啓一郎

開業当時の福博電気軌道（呉服町）1910（明治 43）年頃（絵葉書）　所蔵：益田啓一郎

福博電気軌道②
福博電気軌道の沿線開発

松永は、福博電気軌道の沿線の宅地開発や娯楽産業といった副業部門にも開業直後から積極的に進出します。

後年、福博電気軌道は「福博電車」の愛称で親しまれますが、開業時は九州では別府電気軌道に続く二番目の路面電車で、多くの市民にとって「初めて見る電車」は鉄の塊が動くとても怖いものでした。開業直後には悲惨な死亡事故も発生しています。そのため、市民権を得るための取り組みは必須だったのです。

松永は1911（明治44）年8月、伊崎浦（西公園下、現在中央市民プールのある付近）に海水浴場と施設を開設します。これは、前年の九州沖縄八県連合共進会で使用した接待所の建物を移築し、大理石の潮湯と割烹業を兼ねた一大温泉場でした。

さらに、隣接する西公園に演芸台を設置して、博多にわか・筑前琵琶・義太夫の上演や活動写真の上映を行い、納涼地への乗客誘引を図りました。

博多電灯が福博電気軌道を合併し、商号を「博多電灯軌道」に変更した翌1912（明治45）年1月には、地行西町で賃貸住宅営業を開始します。普通賃貸のほか、土地家屋の月賦販売も行ない、最寄りの電停も設けました。松永自身も土地を購入し、同町に住みました。

こうした松永の戦略が功を奏し、開業3年目（1912年度）の福博電気軌道線の利用客は年間660万人を記録します。福岡市の当時の人口は8万人余で、人口の80倍以上が利用したことになります。1915年度には一千万人、1919年度には二千万人を突破するなど、福岡市が近代化を進める中で、必要不可欠な存在となったのです。

松永田中両氏邸園遊会・松永安左エ門の挨拶 1916（大正 5）年頃（絵葉書） 所蔵：益田啓一郎

中段左・右）
松永田中両氏邸園遊会の風景
1916（大正 5）年頃（絵葉書）
所蔵：益田啓一郎

右ページ）
伊崎浦海水浴場の施設（旧共進会接待所）
1912（明治 45）年頃（絵葉書）
所蔵：益田啓一郎

左）
伊崎浦海水浴場の全景
1912（明治 45）年頃（絵葉書）
所蔵：益田啓一郎

福博電気軌道③
第13回九州沖縄八県連合共進会

藩政時代の城下町の名残を残していた天神（当時は天神町）一帯が、近代化への第1歩を歩みだしたのは、1910（明治43）年に旧肥前堀を埋め立てた一帯で開催された「第13回九州沖縄八県連合共進会」でした。

この頃の天神町一帯には福岡県庁や市庁舎をはじめ、高等女学校などの公共施設があるだけで、現在のような金融機関や商業施設が集まる繁華街とはほど遠い場末町でした。

共進会の開催に伴い、松永安左エ門が経営する福博電気軌道（のち西鉄福岡市内線貫通線・呉服町線）が開業。共進会場を縦貫する計画だった博多電気軌道（のち西鉄福岡市内線循環線）も、共進会終了を待って工事を進め、翌44年秋に開業しました。

これにより天神町で2つの軌道が交差し、天神交差点が誕生しました。ちなみに、福博電気軌道の開通当時、天神町に設けられた電停は「共進会前（のち県庁前）」と「高等女学校前」の2つだけでした。

博多電気軌道が交差点そばに「天神町電停」を設けると、松永はすぐに高等女学校前電停を交差点そばに移設し、「天神町電停」と改称。顧客の利便性を最優先にする松永らしい決断で、天神交差点がにわかに脚光を浴び始めるのです。

共進会・本館イルミネーション（絵葉書）
1910（明治43）年3月　所蔵：益田啓一郎

第13回九州沖縄八県連合共進会・観覧車
1910（明治43）年3月（絵葉書）
所蔵：益田啓一郎

共進会では空中飛行機（飛行船）や国産観覧車など、当時最先端の技術が注ぎ込まれた出展が相次ぎ、夜間の電飾（イルミネーション）も大きな話題となった。

第13回九州沖縄八県連合共進会・空中飛行機
1910（明治43）年3月（絵葉書）
所蔵：益田啓一郎

第13回九州沖縄八県連合共進会全景　1910（明治43）年3月　所蔵：益田啓一郎

共進会・展望閣（中央奥は警固神社）　1910（明治43）年3月　所蔵：益田啓一郎

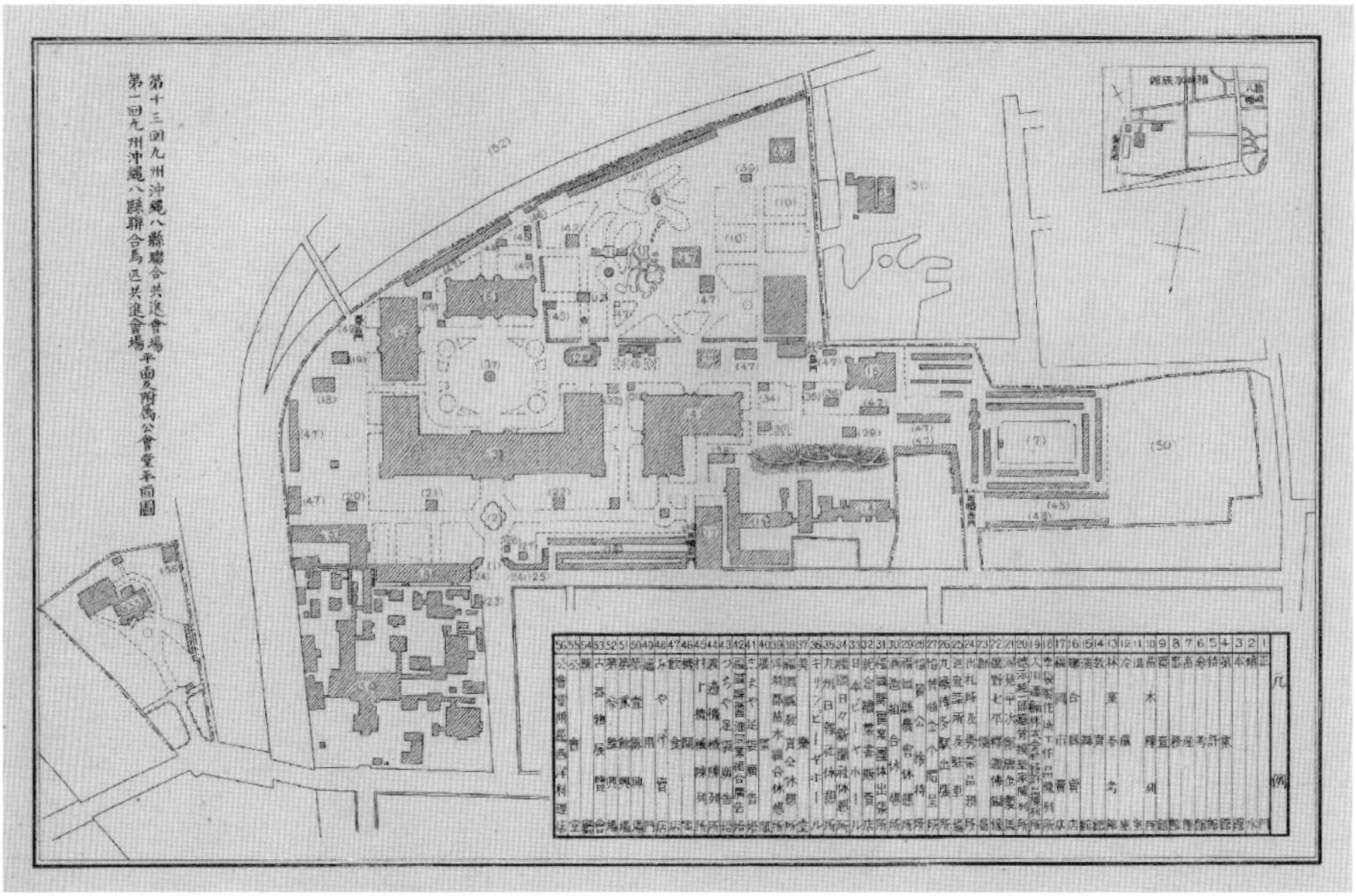

第 13 回九州沖縄八県連合共進会会場図　1910（明治 43）年　所蔵：益田啓一郎

地行西町電停、右は鳥飼八幡宮（絵葉書）
1912（明治 45）年頃　所蔵：益田啓一郎

博多駅前電停（絵葉書）
1910（明治 43）年頃　所蔵：益田啓一郎

東公園入口付近（絵葉書）
1912（明治 45）年頃　所蔵：益田啓一郎

天神橋付近（絵葉書）
1910（明治 43）年頃　所蔵：益田啓一郎

第三章 九州電灯鉄道（明治末〜大正期）

九州電灯鉄道①

九州電灯鉄道の成立

松永安左エ門は「独占を伴い、先行投資が必要である電気、交通などの公益事業は〝合理的な体制で、最も経済的に〟運営することが課題である。そのため企業はできるだけ集中した形で大きく経営する必要がある」と考えていました。

福博電気軌道の専務として福岡市へ移住した当初からの「北九州の電気・交通を一つにまとめ、発電コストを下げて料金値下げを行い需要を拡大する」という大構想を、開業の翌年には実行に移しました。

松永は太田清蔵（4代目）が火力発電の「博多電灯」と水力発電の「広滝水力電気」の合同に失敗していた経験を踏まえ、周到に合併準備を進めます。

まず、福博電気軌道の開業から半年後の1910（明治43）年9月5日、広滝水力電気の監査役であった松永が発起人代表となり「九州電気」を設立して常務取締役となり実権を握りました。

松永は、佐賀の有力資産家・実業家である伊丹彌太郎を九州電気の専務に迎え、広滝水力電気の合併に成功したのです。ちなみに、伊丹の別邸が、美しい紅葉で知られる国の名勝・九年庵（佐賀県神埼市）です。

太田の後任として山口恒太郎（福博電気軌道取締役）が社長となっていた博多電灯に1911（明治44）年11月2日付けで福博電気軌道を合併させ、商号を「博多電灯軌道」に変更します。

松永はさらに、九州電気社内の合同反対派と話を纏め、翌1912（明治45）年6月、九州電気と博多電灯軌道の合併に成功。ついに、福岡・佐賀両県にまたがる「九州電灯鉄道」が誕生することとなりました。

博多電灯会社（東中洲）
1906（明治39）年頃
所蔵：益田啓一郎

合併前の福博電気軌道（福岡県庁前）1911（明治 44）年頃（絵葉書） 所蔵：益田啓一郎

名島火力発電所遠望 1927（昭和 3）年頃（絵葉書） 所蔵：益田啓一郎

九州電灯鉄道②

北部九州の電気・ガス事業を統合へ

松永は九州電灯鉄道で常務取締役となると戦略的拡大を続け、１９１３（大正2）年には佐世保電気、唐津軌道、七山水力電気、大諫電灯、糸島電灯を合併。さらに１９１５（大正4）年には津屋崎電灯、宗像電気を合併し、福岡・佐賀・長崎3県にまたがる一大電力会社となりました。

その後も１９１６（大正5）年に長崎電気瓦斯、馬関電灯、久留米電灯を、１９１７（大正6）年には長府電灯を買収するとともに彦島電気を合併して、山口県にも勢力を拡大していきました。

これにより北部九州の電気事業は、九州水力電気、九州電気軌道、九州電灯鉄道による3社の競争時代となります。

特に福岡市内の電灯・電力供給では、九州電灯鉄道と、１９１２（大正元）年11月15日に博多電気軌道を合併した九州水力電気との激しい顧客獲得競争となりました。

松永は設備の重複投資によるムダ排除を楯に、両者の合同を画策します。しかし失敗に終わり、両社の覇権争いは日中戦争直前の企業統合まで20年以上にわたり続きました。ちなみに、九州水力電気の福岡における責任者は、のち西日本鉄道の5社合併（西鉄成立）時の社長となる村上巧児でした。

松永はまた、１９１３（大正2）年には北部九州の瓦斯事業を統合して、西部合同ガス（現西部ガスの前身会社）を設立し社長に就任します。

１９１７（大正6）年に博多商業会議所の会頭に就任するなど、この時期の松永は福博経済界の旗手となり、同年の第13回衆議院議員総選挙に立候補し、修猷館卒で地元出身の中野正剛らを破って初当選しました（次の選挙では中野正剛に敗れて落選）。

上）大正天皇御大典記念・福博電車奉祝場
1915（大正4）年11月（絵葉書）
所蔵：益田啓一郎

左）西部合同瓦斯本社・瓦斯館
1916（大正5）年頃（「福岡市案内」より）
所蔵：益田啓一郎

大正初期の天神町（天神ビジネスセンタービル前付近） 1917（大正6）年頃（絵葉書） 所蔵：益田啓一郎

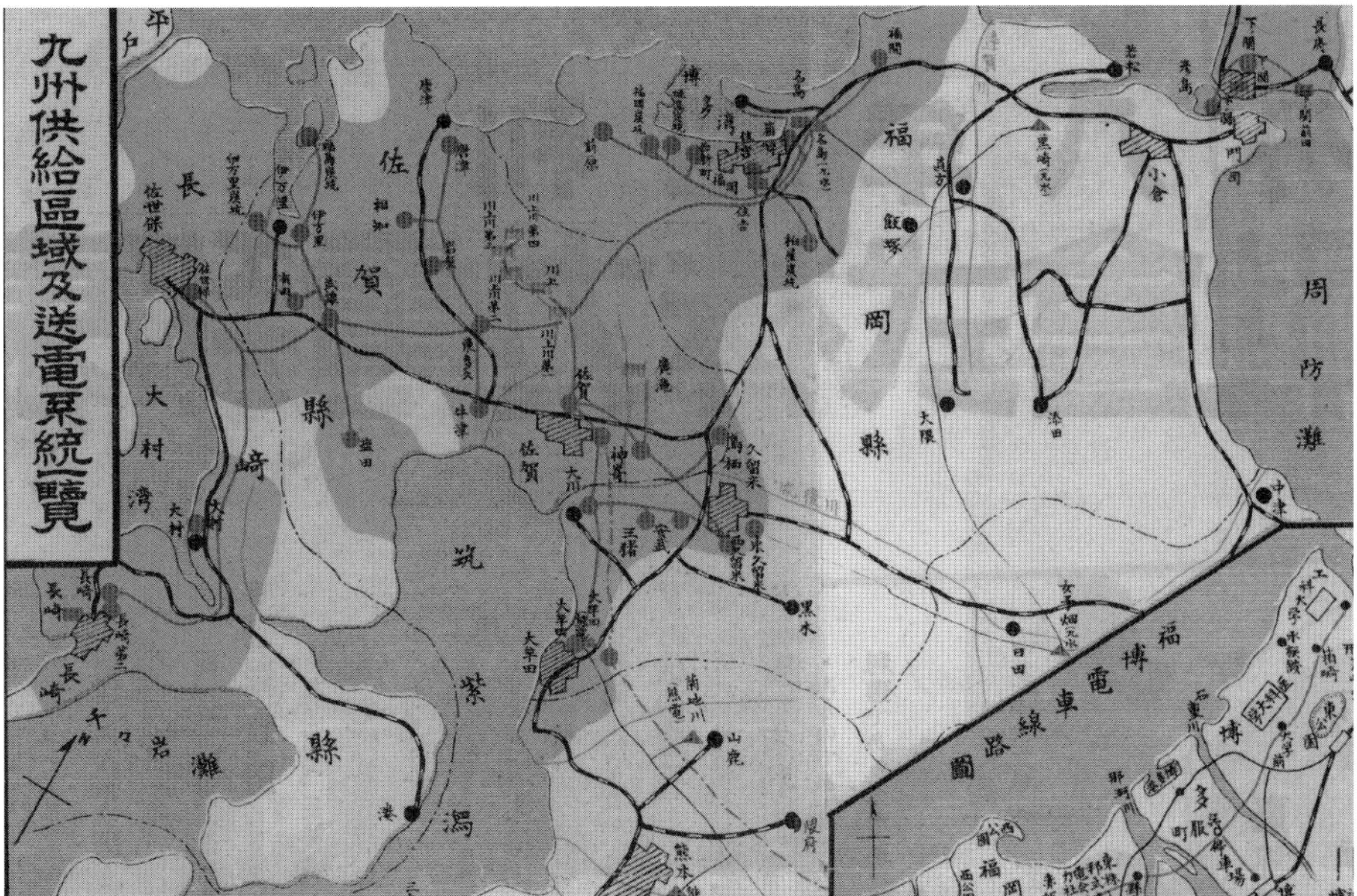

九州供給区域及送電系統一覧（東邦電力社債募集広告より） 1923（大正12）年 所蔵：益田啓一郎

九州電灯鉄道③

天神進出と時計台の本社ビル

松永安左エ門は1917（大正6）年7月5日付で、前身の博多電灯の開業以来ずっと福岡市東中洲にあった九州電灯鉄道の本社を、天神町58（現在の天神ビルの場所）に移転します。

鉄筋コンクリート3階建ての新本社ビルは、竣功当時には福岡市最大の建築物として威容を誇りました。屋上の時計台は天神町最初のシンボルとして、永く市民に親しまれました。

松永は天神町の可能性に早くから目をつけていた一人で、福博電気軌道の本社も設立時から天神町に置きました。

当時の天神町は、福博電気軌道の路線が通る狭いエリア（現在の明治通り沿い、天神橋西詰から西鉄グランドホテル前交差点まで）です。

天神町の大半が学校（高等小学校、英和女学校など）や官庁（市役所、県庁など）が集まる静かな住宅街でしたが、福博電気軌道と博多電気軌道が交差する「天神町交差点」に登場した九州電灯鉄道本社ビルは、その後の天神発展の先駆けとなりました。

松永は一方で、福博電気軌道の開業前から路線拡大を目論み、1909（明治42）年10月25日付で二日市に至る市外延長線を出願しています。

この計画こそが、現在の西鉄天神大牟田線に繋がる最初の路線計画でしたが、同年12月には申請が却下されています。

福博電気軌道開業後の1911（明治44）年1月16日には、別会社の久福電気軌道として、今度は二日市を経由して久留米までの計画を出願しますが、これも1913（大正2）年11月に却下されました。

上）九州電灯鉄道本社ビルの夜景
1917（大正6）年7月5日（古写真アルバム）
所蔵：益田啓一郎

左）本社ビル落成式で談笑する松永安左エ門
1917（大正6）年7月5日（古写真アルバム）
所蔵：益田啓一郎

九州電灯鉄道本社ビル落成式当日の様子　1917（大正6）年7月5日（古写真アルバム）所蔵：益田啓一郎

九州電灯鉄道本社ビル落成式当日の全景　1917（大正6）年7月5日（絵葉書）所蔵：益田啓一郎

九州電灯鉄道本社ビル落成式写真

九州電灯鉄道（のち東邦電力）役員と思われる旧蔵生写真アルバムより
http://www.asocie.jp/archives/fukuoka/kyushudentout/

九州電灯鉄道本社ビル落成式当日　1917（大正6）年7月5日　所蔵：益田啓一郎

左）落成式典で挨拶する岩田屋呉服店の中牟田喜兵衛
1917（大正6）年7月5日
所蔵：益田啓一郎

下）九州電灯鉄道本社ビル落成式当日
1917（大正6）年7月5日
所蔵：益田啓一郎

九州電灯鉄道本社ビル落成式当日　1917（大正6）年7月5日　所蔵：益田啓一郎

九州電灯鉄道本社ビル落成式当日　1917（大正6）年7月5日　所蔵：益田啓一郎

九州電灯鉄道本社ビル落成式当日　1917（大正6）年7月5日　所蔵：益田啓一郎

九州電灯鉄道本社ビル落成式当日　1917（大正6）年7月5日　所蔵：益田啓一郎

第四章

九州鉄道と沿線開発

（大正後期～昭和初期）

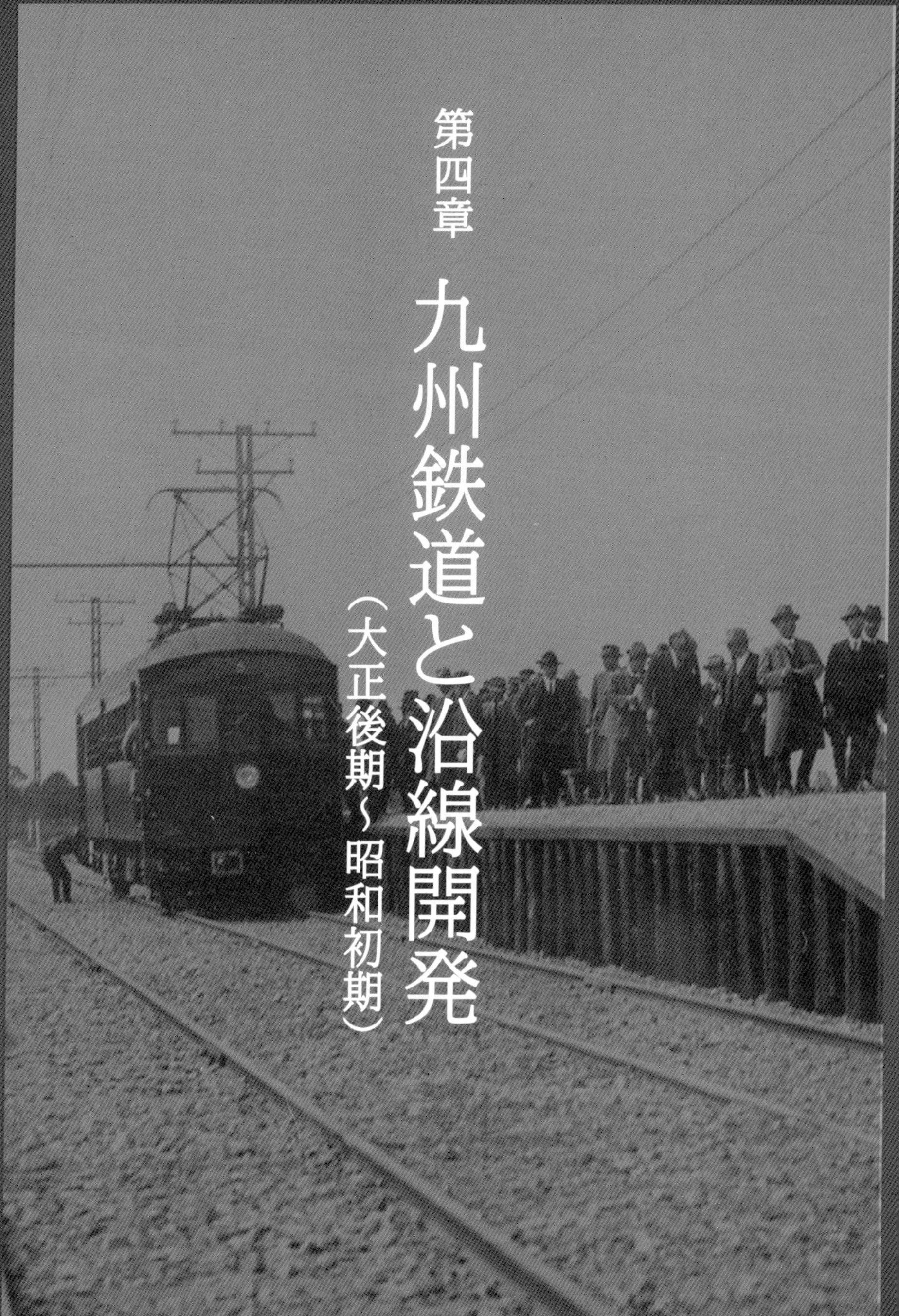

九州鉄道と沿線開発①

筑紫電気軌道から九州鉄道へ

松永安左エ門を中心とする九州電灯鉄道は1913（大正2）年10月6日に3度目の申請を「筑紫電気軌道」として行ないました。翌1914（大正3）年4月6日付で、ようやく一部区間の特許取得に至りました。これが現在の西鉄天神大牟田線の起源です。

申請区間は筑紫郡住吉町（春吉）〜三井郡国分村（東久留米）間（43・5キロ）で、全線の半分にあたる20・5キロを新設軌道、その他を路面上に敷設する併用軌道とする計画でした。当時栄えていた博多部と天神の中間にあたる、現在の西中洲付近に始発駅を構える構想でした。

発起人には松永のほか、山口恒太郎、伊丹彌太郎ら九州電灯鉄道の役員が多く含まれ、松永の事業の経理・財務面を一貫して支え続けた同社の田中徳次郎（慶応義塾時代の学友）も名を連ねました。

筑紫電気軌道は1915（大正4）年10月1日付で設立登記を完了、本社は当時東中洲にあった九州電灯鉄道本社内に置かれました。

九州電灯鉄道が本社を1917（大正6）年8月15日付で天神町へ移した際には、筑紫電気軌道も本社を同地へ移転しています。

松永はさらに1919（大正8）年3月5日付で、天神町（現在の福岡パルコの場所）への起点変更を出願し、同年10月10日に許可を得ました。

初代社長には、九州電灯鉄道の社長・伊丹弥太郎が兼務で就任し、同社で経営の実権を握っていた松永安左エ門も取締役に名を連ねました。

松永は戦後の自著の中で「最も力を入れた事業が筑紫電気軌道（九州鉄道）の経営だ」と熱く語っています。

筑紫電気軌道が当初始発駅を
計画した西中洲付近
水上公園の造成前
1918（大正7）年頃（絵葉書）
所蔵：益田啓一郎

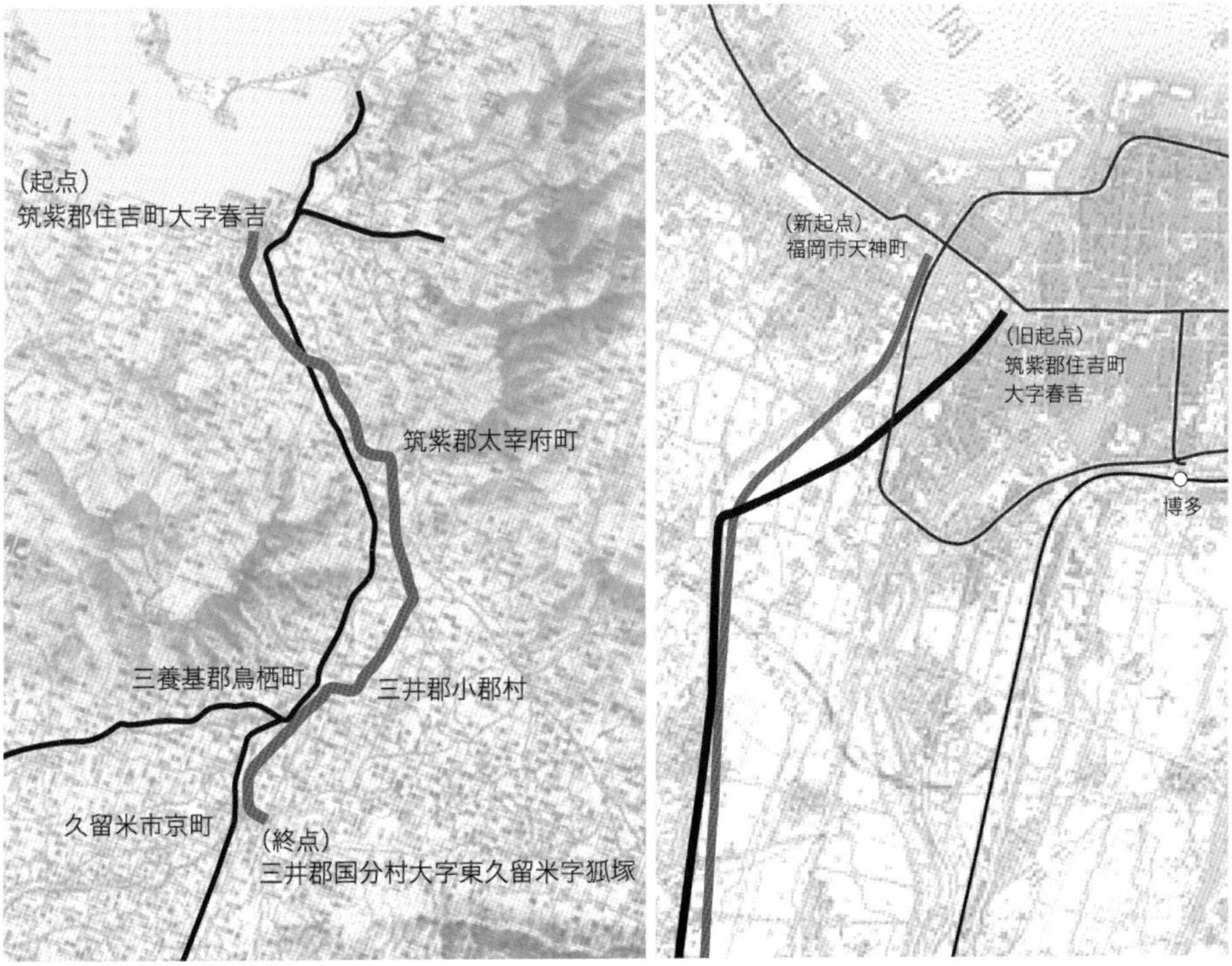

筑紫電気軌道の当初計画路線図および新旧の起点（福岡駅） 作成・所蔵：西日本鉄道（株）

九州鉄道開業当時の九鉄福岡駅　1925（大正 14）年頃　所蔵：西日本鉄道（株）

九州鉄道と沿線開発②

九州鉄道開業と松永の離福

松永安左エ門ら筑紫電気軌道の発起人が当初出願したのは、福岡から太宰府を経て久留米に至る路線でしたが、監督官庁である鉄道院から下付されたのは計画の一部である福岡〜二日市間17・7キロの特許だけでした。

国鉄線と平行する区間が多いことから、二日市〜久留米間については「目下ノ交通状態ニ於テ敷設の必要ナシ」とされ、福岡〜二日市間の特許も3ヶ月後には鉄道院から終点を太宰府へ変更されるなど、曲折が続きます。

松永は1919（大正8）年、5年ぶりに久留米までの特許を再申請し、同年10月10日に福岡〜二日市間の路線変更の許可、11月21日に二日市〜久留米間の特許をそれぞれ得ることができました。

その後、国鉄線と平行していた二日市〜久留米間は地元の要望や用地取得の困難を避けて、久留米市街（日吉町）通過案を変更するなど経路変更を2度行ない、1923（大正12）年7月28日に開業時の路線許可を得ました。

1922（大正11）年、九州電灯鉄道は東京進出を目論む福澤桃介の意向に沿って関西電気（関西水力電気と名古屋電燈が前年に合併）と合併改組し「東邦電力」が誕生します。東邦電力は本社を東京に置き伊丹彌太郎が社長、松永は副社長となり福岡を離れ、九州・近畿・中部（1府11県）に及ぶ大勢力の推進役として活躍の場を広げていきました。

同年、筑紫電気軌道は増資を経て6月15日に商号を「九州鉄道」と変更。東邦電力の誕生で消滅した九州電灯鉄道の略称「九鉄」と社紋のデザインを継承しました。9月16日に建設工事が着工され、1924（大正13）年4月12日、18ヶ月の工期を経て、ついに福岡〜久留米間39・1キロで開業に至りました。

上）開業当時の九鉄二日市駅
1924（大正12）年4月
所蔵：西日本鉄道（株）

左）開業当時の九鉄久留米駅
1924（大正12）年4月
所蔵：西日本鉄道（株）

開業前の試運転列車（春日原駅）　1924（大正 12）年４月　所蔵：西日本鉄道（株）

開業当時の九州鉄道（井尻～雑餉隈間の国鉄線との立体交差）1924（大正 12）年４月　所蔵：西日本鉄道（株）

九州鉄道と沿線開発③
愛称「急行電車」への想い

1924（大正12）年4月、九州鉄道（現西鉄天神大牟田線）開業時の福岡～久留米間の所要時間は55分、運賃は福岡～二日市間が片道31銭、福岡～久留米間が同65銭でした。

開業時には新聞広告や街頭ポスター、飛行機によるビラ撒きなど、積極的な宣伝活動が行なわれ、「九鉄急行電車開通」「電車ハ汽車ヨリモ早ウ御座イマス」と国鉄よりも利便性が高いことが強調されました。

これは、松永と懇意で宣伝上手だった小林一三（阪急東宝グループ創設者）のアドバイスを受けて、石炭などの貨物輸送に重要な役割を果たした国鉄線との相違を明確にし、旅客輸送を主目的とする高速電車をアピールすることで、利用者獲得をめざしたものでした。

ひと足先に開通した阪神急行電鉄（現阪急）神戸線で初登場した「急行電車」の名称は、既存の国鉄路線などとの差別化を図るため、小林が初めて使用したものだったのです。

戦後、天神大牟田線に特急電車が登場したあとも「急行電車」は永く同線の愛称として親しまれ、福岡を舞台にした古い映画にも登場しています。松永と小林の思惑が当たり見事に成功した好例です。

開業に合わせて製造した1形電車は、高出力（340馬力）・大型車両（15・3m、定員96人）の高性能車でした。

電気方式は当時の2倍以上の電圧1500ボルトを採用。連結運転のための総括制御方式も採用し、高速・高頻度の運転に不可欠な閉塞装置には全線にわたって自動信号が採用されるなど、松永ら経営陣の九州鉄道にかける決意が、随所に反映された最先端の設備水準でした。

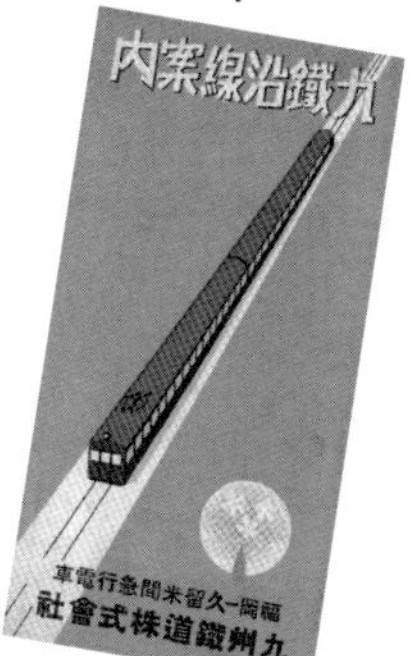

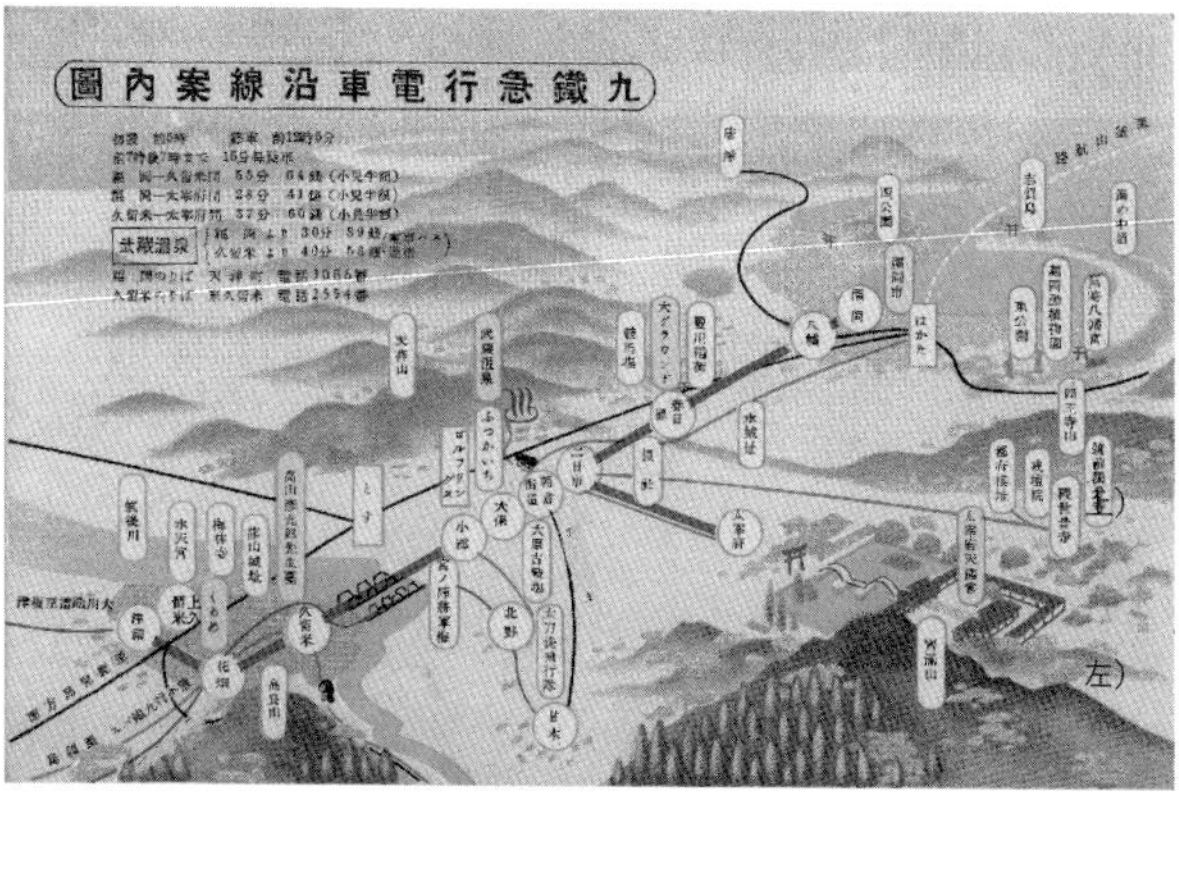

九鉄急行電車沿線案内図
1934（昭和9）年頃（絵葉書）
所蔵：益田啓一郎

九州鉄道・九鉄福岡駅の賑わい　1930（昭和 5）頃　所蔵：益田啓一郎

九鉄急行電車パンフレット
1933（昭和 8）～1936（昭和 11）年
所蔵：益田啓一郎

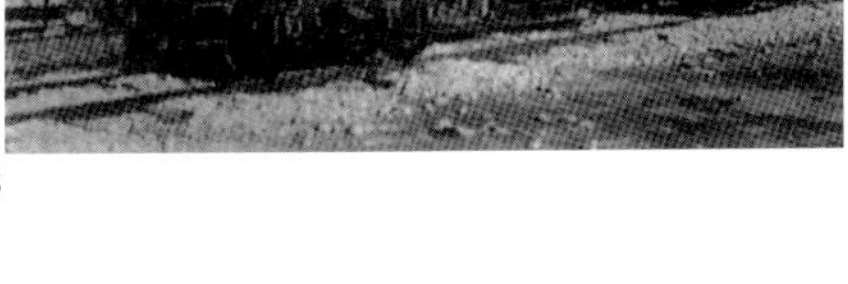

九鉄 1 形電車
1924（大正 12）年・「九鉄と沿線」より
所蔵：益田啓一郎

九州鉄道と沿線開発④

九鉄マーケットと春日原運動場

松永安左エ門は、九州鉄道（現西鉄天神大牟田線）の1924（大正13）年の開業に合わせて、沿線の開発にも尽力しました。

起点駅・九鉄福岡駅のある天神町交差点には、開業後すぐに2つの商業施設を設けます。駅に隣接する「電気食堂」は、洋食やビールを楽しめるお店でした。

博軌電車線（現渡辺通り）を挟んだ駅の東向いには、賃貸店舗の商店街「九鉄マーケット」を開業します。これは天神地区初の商店街であり、天神が商業都市として発展するきっかけとなりました。

また、松永は九州鉄道開業前の1920（大正9）年頃から、沿線の春日原付近の開発を計画します。

小林一三の阪急沿線開発を参考に、地元有力者と接触して用地買収と住宅地開発を目論みました。しかし、不況の影響もあり開発を見合わせ、春日原駅の西側に春日原総合運動場（野球場・球技場・テニスコート・ラグビー場・納涼場・遊園地など）を建設し、九州鉄道開業後の1924（大正13）年7月から10月にかけて順次開業しました。

なかでも春日原野球場は5000人収容のスタンドを備える九州初の本格的な施設で、同じ年に開業した阪神・甲子園球場にちなんで「九州の甲子園」と呼ばれ、中等学校野球大会をはじめとする大規模な大会の開催地となりました。

戦後、西鉄クリッパースは春日原球場を本拠地とし、後進の西鉄ライオンズも1953（昭和28）年まで公式戦を行ないました。翌年以降、総合運動場跡地は、松永らの当初計画に沿って宅地化されましたが、放射状の道路や龍神池周辺の桜など当時の名残りを見ることができます。

九鉄マーケットと現・明治通り
1934（昭和9）年頃（絵葉書）
所蔵：益田啓一郎

九鉄マーケット（左）と現・渡辺通り　1934（昭和 9）年頃（絵葉書）　所蔵：益田啓一郎

春日原野球場（春日原総合運動公園）　1934（昭和 9）年頃（絵葉書）　所蔵：益田啓一郎

九州鉄道と沿線開発⑤

大保ゴルフ場などのレジャー施設

松永安左エ門が副社長となった東邦電力は、九州鉄道の沿線開発を積極的に進めます。1926（大正15）年5月には系列の大保土地経営が、大保駅近くに「大保ゴルフ場」をオープンします。

開業当初の大保ゴルフ場は面積約8万坪・9ホールの設備でしたが、1934（昭和9）年6月に九州鉄道に合併されると、同年10月に18ホールに拡張し、公式ゴルフ競技場となりました。

その後、1938（昭和13）年3月には運営主体として福岡ゴルフ土地が設立され、1940（昭和15）年9月には日本プロ選手権競技大会の会場となるなど、福岡の名門ゴルフコースとなりました。

しかし、戦時下の1944（昭和19）年に陸軍被服工場用地として買収され、惜しまれつつ閉鎖されました。

松永は武蔵温泉（二日市温泉）の開発も小林一三の宝塚温泉開発を参考にして進めようとしますが、地元で積極的な開発計画が出たため、湯町へのバス路線整備や宣伝などの支援に徹します。

九州鉄道の開業に合わせて1924（大正12）年4月には、地元の天拝同志会の発起により十年計画で「武蔵温泉公園」計画が動き出します。菅原道真公ゆかりの天拝山麓の武蔵寺周辺の公園化計画のなかで、同年秋には現在まで続けられている秋の「観月会」も始まっています。公園整備は戦後にかけて少しずつ進められ、現在の天拝公園（天拝山歴史自然公園）となりました。

また、下大利駅からほど近い国史跡・水城跡そばにアウトドア・レジャー施設の「思水園」が昭和初期に開業しました。これはビヤホールや湖の貸しボート、釣り施設なども ある本格的なものでしたが、個人経営だったため、残念ながら10年ほどで営業を終えています。

湯町（二日市温泉）を行き交う九鉄バス
1935（昭和10）年頃（絵葉書）
所蔵：益田啓一郎

大保ゴルフ場（大保駅最寄り）1939（昭和 14）年（絵葉書） 所蔵：益田啓一郎

思水園全景（下大利駅最寄り） 1935（昭和 10）年頃（絵葉書） 所蔵：益田啓一郎

九州鉄道と国鉄線の立体交差工事風景（井尻～九鉄雑餉隈間）　1923（大正12）年頃　所蔵：西日本鉄道（株）

那珂川橋梁の工事風景（大橋～井尻間）　1923（大正12）年頃　所蔵：西日本鉄道（株）

第五章　ターミナル開発と岩田屋（昭和10年代）

ターミナル開発と岩田屋①
福岡駅のターミナル百貨店誘致

松永安左エ門は東邦電力副社長となって福岡を離れて以降も、九州鉄道の経営に注力します。九州鉄道の社長は伊丹彌太郎に代わって1930（昭和5）年12月に海東要造（東邦電力専務）が就任、さらに1933（昭和8）年6月には進藤甲兵（東邦電力常務）に交代して、松永の意志を継ぎました。

さらに松永は九鉄福岡駅のターミナル百貨店化を目論みます。盟友・小林一三が日本初のターミナル百貨店・阪急百貨店で成功していたことが松永の「天神地区発展」構想に欠かせないものとなっていました。

そこで白羽の矢を立てたのが、九州電灯鉄道（東邦電力の前身）の株主にも名を連ねていた呉服商・岩田屋の中牟田喜兵衛でした。

中牟田は福岡・大工町で創業した岩田屋の博多支店（博多・麹屋町）を経営する傍ら、呉服店から大衆向けの商売への進出をめざして、1931（昭和6）年に衣料品と日用雑貨を扱う売場面積150坪の実験店舗「岩田屋マート」を開きましたが、売場面積の小ささに伴う品揃えの不備が響き、わずか1年で閉店。本格的な百貨店経営への転換をめざして出店用地を探していました。

中牟田のもとには太田清蔵が所有する、当時の中心地・呉服町角の一等地など、複数の出店候補地がありました。

当時の天神地区は九鉄マーケットや松屋百貨店ができて商業集積が始まりつつあったものの、博多地区の繁華街（呉服町・川端町・東中洲など）に比べると発展途上で、松永が提供する九鉄福岡駅敷地は、当時の常識では集客の見込みが薄い、最もリスクのある土地でした。

上）岩田屋呉服店の宣伝絵はがき
1927（昭和2）年頃（絵葉書）
所蔵：益田啓一郎

左）大阪・梅田の阪急百貨店
1931（昭和6）年頃（絵葉書）
所蔵：益田啓一郎

ターミナル百貨店化前、初代駅舎の記念撮影　1935（昭和10）年（古写真）　所蔵：平原健二コレクション

博多・麹屋町の岩田屋呉服店（右）　1925（大正 14）年　所蔵：益田啓一郎

ターミナル開発と岩田屋②
岩田屋百貨店の開業

松永は理想のターミナル百貨店実現のため、岩田屋・中牟田喜兵衛に阪急の小林一三を紹介します。

中牟田に鉄道とデパートの相乗的な利用客増加を狙ったターミナル百貨店の将来性を伝えるとともに、開業に向けての阪急百貨店のノウハウ伝授などサポート体制を整えて、ついに中牟田の説得に成功します。

九州鉄道は1935（昭和10）年2月、福岡停留場（初代福岡駅）の土地600坪を岩田屋の関係会社である共栄土地建物に売却し、初代駅の南側に線路・ホームを移転することにしました。

福岡停留場（二代目福岡駅）は、岩田屋開業前の3月29日に移転新築が完了しました。

松永と中牟田の夢を実現した九州初のターミナル百貨店「岩田屋百貨店」は、1936（昭和11）年10月7日に開店しました。

同年は、春に天神町の北側（現在の中央区長浜一帯）で博多築港大博覧会が開かれ、福岡市の人口が30万人を突破した年です。日中戦争勃発の前年で、市制施行五十周年を翌年に控えて街全体に活気がありました。

岩田屋の建物には、九州鉄道の乗り場案内（急行電車の看板）が掲示され、1階には乗降客出入り口や通路を設置するなど、鉄道駅と直結した利便性を打ち出しました。その結果、開業初日から10万人を超える買い物客を集めました。

鉄道と一体化された百貨店の存在は、戦災で焼け野原となった天神地区が博多地区に先駆けて復興が始まり、現在の西日本一の繁華街・天神への足がかりとなったのです。

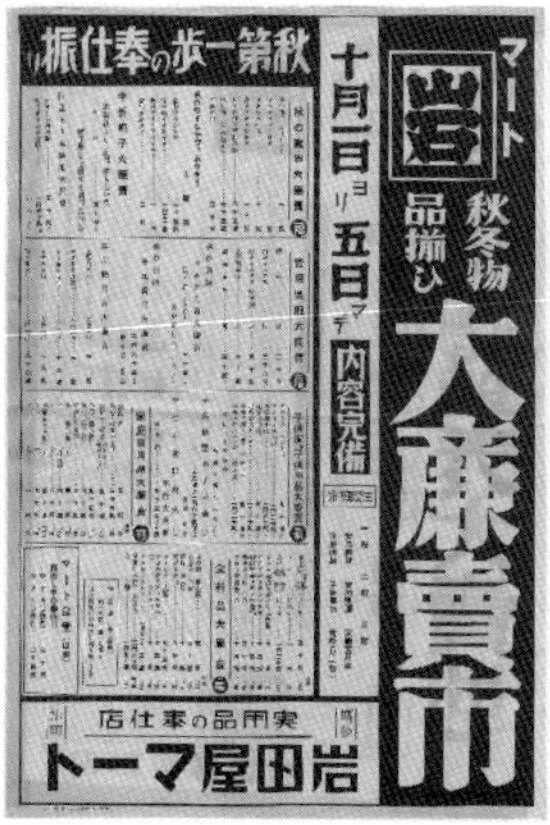

右）
岩田屋と東邦電力ビル
1940（昭和15）年
所蔵：益田啓一郎

左）
岩田屋マートの広告
1931（昭和6）年10月
所蔵：益田啓一郎

天神交差点角に出現した開店当時の岩田屋　1937（昭和 12）年頃　所蔵：益田啓一郎

岩田屋と福岡駅を繋ぐ出入り口
1940（昭和 15）年　所蔵：益田啓一郎

建設中の岩田屋（証券取引所ビル屋上より）
1936（昭和 11）年　所蔵：益田啓一郎

天神交差点と岩田屋　1938（昭和 13）年（絵葉書）所蔵：益田啓一郎

福岡大空襲後の天神（左端が岩田屋、中央奥が東邦電力ビル）　1945（昭和 20）年（落石栄吉著「戦後博多復興史」より）

第六章

大牟田延伸と幻の計画

（昭和10年代）

大牟田延伸と幻の計画①

九州鉄道の延伸計画

松永安左エ門ら九州鉄道の経営陣の悩みの種は、九鉄福岡〜九鉄久留米間の開業以来、路線延伸や沿線開発が進まず、赤字を続けていたことです。

松永は、開業前から大牟田・熊本への路線延長を構想し、久留米〜大牟田間の計画を立てますが、出願は幾度も却下されています。三池炭鉱を中心に栄えていた大牟田への延長は、九州鉄道にとって一刻も早く実現したい目標でした。

難局を打開すべく、松永は大川鉄道の経営権取得を目指します。1909（明治42）年設立の大川鉄道（上久留米〜津福〜大善寺〜若津間を蒸気機関で運転）は三潴郡大川町〜山門郡柳河町〜三池郡大牟田町間の免許を保有しており、大川鉄道を傘下に収めることで大牟田延長に向けて動き出します。

1927（昭和2）年4月までに大川鉄道の株式を取得し経営権を掌握。12月15日付で新たに大善寺〜柳河間を短絡する地方鉄道免許を取得しました。さらに国鉄の久大本線と鹿児島本線をまたぐスラブ式コンクリート高架橋の大工事を経て、海東要造が社長を務めていた1932（昭和7）年12月28日、久留米〜津福間を延長開業しました。

また、松永は大川鉄道を傘下に収めた直後の1930（昭和5）年6月から、久留米〜熊本間で暫定的に自動車営業を始めます。これも大牟田・熊本への路線延長を前提とした需要開拓の一環でした。

さらに松永は進藤甲兵（松永曰く「東邦電力の中でもっとも戦闘力のある腹心」）を社長に送り込みました。

松永はたびたび現場を担う進藤の激励に出向き、大牟田市内の用地買収に際しては「相場より高いものを要求してくるので困る」と言う進藤に対して、「いくら高くても買ってしまえ。土地というものは必ず値上がりするものだ。価格にこだわらず早く片付けろ」と叱咤しています。

急行電車停車場（九鉄久留米駅）
1936（昭和 11）年頃（絵葉書）
所蔵：益田啓一郎

開業当時の九鉄柳河駅　1937（昭和 12）年頃（絵葉書）　所蔵：益田啓一郎

大牟田駅上空（戦後）1960（昭和 35）年（空撮記録写真帖より）　所蔵：益田啓一郎

大牟田延伸と幻の計画②

延伸開業で大牟田まで全通

九州鉄道は1937（昭和12）年5月1日付で大川鉄道を合併、大牟田への延長工事を本格化しました。

こうして、同年10月1日には大善寺～柳河間を開通、福岡～柳河間58・8kmの直通運転を開始しました。同時に、当時の流行であった流線型を取り入れた時速100キロ運転が可能な「快速軽量電車」21形電車10両を導入して、運転の高速・効率化を目指します。

戦時体制下で金融状況が悪化する中、九州鉄道は東邦電力グループの東邦証券保有からの借入れにより柳河～大牟田間の工事に着工。1938（昭和13）年9月1日に柳河～中島間、10月1日に中島～大牟田・栄町間を開通しました。

翌1939（昭和14）年7月1日、松永の当初構想から約30年を経て、念願の福岡～大牟田間が全通し、11月1日から急行運転を開始しました。

全通により、柳河延長時に運賃を大改訂し、値下げを敢行したことと合わせて、九州鉄道の利用客は2倍を超える大幅増となり、経営は好転していきました。

進藤はさらに輸送力の増強策を次々と打ち出し、熊本延伸をにらんで日本初となる急行用「関節式（連接式）」電車500形の設計に着手します。

1942（昭和17）年9月1日、戦時体制の産業別統制経済を進める政府要請に応えて、九州鉄道を含む福岡県内の鉄軌道5社（九州電気軌道、九州鉄道、博多湾鉄道汽船、筑前参宮鉄道、福博電車）の合併が成立し、「西日本鉄道」が誕生。合併により、九州鉄道は西日本鉄道「大牟田線」となりますが、進藤甲兵は500形の完成を見ることなく、惜しくも同年2月に急逝しました。

500形の運転開始は合併1年後の1943（昭和18）年9月10日でした。

大牟田駅終点
1952（昭和27）年
所蔵：西日本鉄道（株）

柳河まで延伸開業時に登場した 21 形電車は戦後 200 形に改称され、長く「木の電車」と親しまれた。
（写真は甘木駅）1980年代　所蔵：益田啓一郎

熊本までの延伸を見据えて登場した 500 形電車。戦後は 3 連接に改造され、観光列車にも活用された。
（写真は観光列車「雲仙号」）1952（昭和27）年頃　所蔵：山本魚睡コレクション

大牟田延伸と幻の計画③

幻の熊本延伸計画と松永の引退

九州鉄道（西鉄天神大牟田線）の設立当時からの第一目標であった大牟田延伸及び、国鉄大牟田駅への乗り入れと接続を1939（昭和14）年7月1日に達成し、松永安左エ門と九州鉄道・進藤甲兵の次なる目標は、いよいよ最終目標である熊本延伸の実現となりました。

しかし、時代はすでに日中戦争が始まり、国家総動員法の成立とともに電気事業を国の管理下に置く政策が進みます。1939（昭和14）年4月には、特殊法人の日本発送電会社が設立されました。

松永はこれに反発するも敵わず、翌1940（昭和15）年には東邦電力の社長を辞任し、引退の道を選びます。

松永の突然の引退で困ったのは、松永の意思を忠実に実現してきた進藤甲兵でした。松永が退いた東邦電力は解散を余儀なくされ、1942（昭和17）年4月には会社解散となりました。

親会社を失った九州鉄道は、東邦電力がライバル会社の九州電気軌道に株式を譲渡して同社の子会社となります。孤軍奮闘で熊本延伸を進めようとしていた進藤ですが、その過程で心労が祟って同年1月、突然病没してしまいます。

同年9月、九州鉄道を含む私鉄5社が合併して西日本鉄道が発足しましたが、その後熊本への延伸計画が実現することはありませんでした。

進藤甲兵が発注し1943（昭18）年に完成導入された500形車両は、最高時速110キロの高速運転で福岡〜大牟田を60分で結ぶ計画でした。日本の高速鉄道として初めて連接構造を実用化した500形の技術は、戦後小田急のロマンスカー（SE車）などに採用されました。

戦争がなければ、ひょっとすると九州鉄道による熊本延伸は実現していたかもしれません。

九州鉄道がのちに合併した
大牟田電気軌道（のち西鉄大牟田市内線）
の開通記念絵葉書。

1927（昭和2）年12月（絵葉書）
所蔵：益田啓一郎

九州鉄道の大牟田延伸の頃、大牟田市の化学工場地帯。 1936（昭和 11）年頃　所蔵：益田啓一郎

柳河まで延伸開業時に登場した 21 形電車。大牟田延伸開業後は急行電車としても活躍した。
1973（昭和 48）年頃　撮影：吉富実

熊本延伸を想定して開業した大牟田駅（手前は国鉄大牟田駅）。 1959（昭和 34）年 所蔵：益田啓一郎

春は２千本の桜が咲く名所だった春日原遊園
1938（昭和 13）年（絵葉書） 所蔵：益田啓一郎

春日原陸上競技場の競技風景（左端に春日原変電所）
1940（昭和 15）年（古写真） 所蔵：益田啓一郎

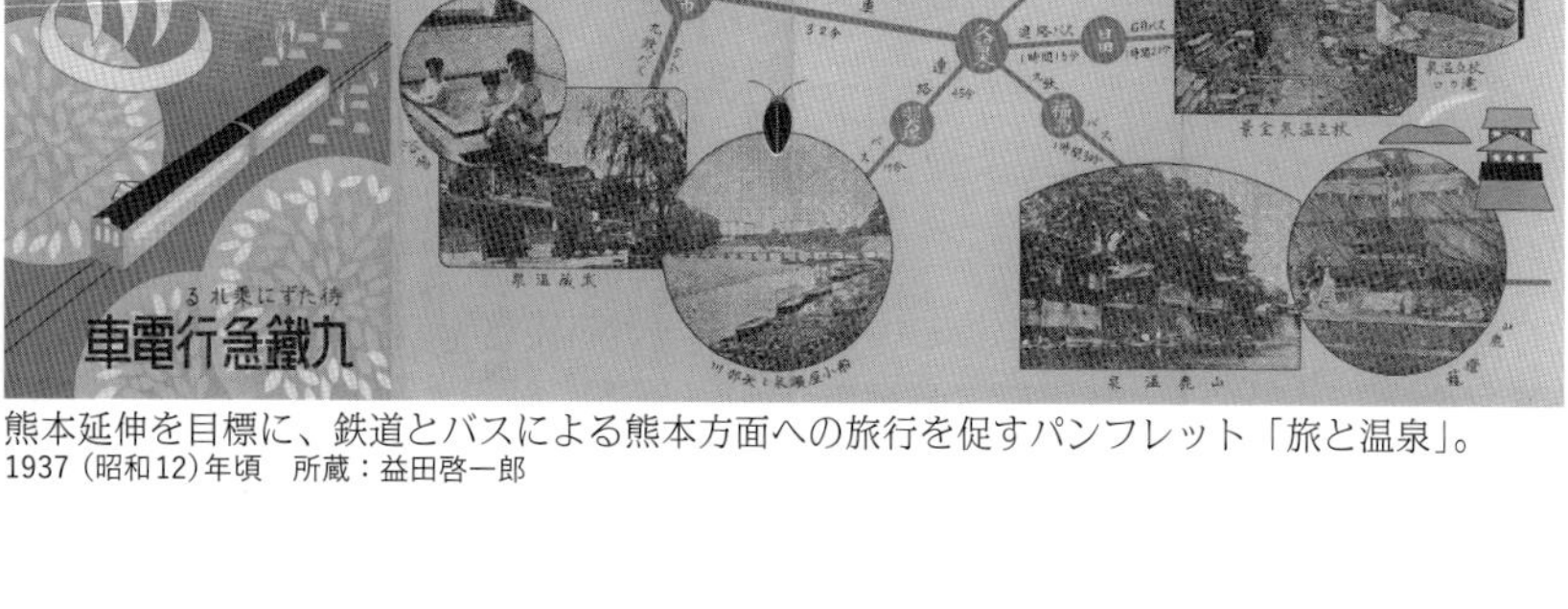

熊本延伸を目標に、鉄道とバスによる熊本方面への旅行を促すパンフレット「旅と温泉」。
1937（昭和12）年頃 所蔵：益田啓一郎

郵 便 は が き

料金受取人払郵便

博多北局
承認

7183

差出有効期間
2022年10月31日まで
（切手不要）

812-8790

158

福岡市博多区
奈良屋町13番4号

海鳥社営業部 行

通信欄

通信用カード

このはがきを，小社への通信または小社刊行書のご注文にご利用下さい。今後，新刊などのご案内をさせていただきます。ご記入いただいた個人情報は，ご注文をいただいた書籍の発送，お支払いの確認などのご連絡及び小社の新刊案内をお送りするために利用し，その目的以外での利用はいたしません。

新刊案内を［希望する　希望しない］

〒　　　　☎（　　）

ご住所

フリガナ

ご氏名

（　　歳）

お買い上げの書店名

松永安左エ門と福岡の近現代史

関心をお持ちの分野

歴史，民俗，文学，教育，思想，旅行，自然，その他（　　　）

ご意見，ご感想

購入申込欄

小社出版物は全国の書店，ネット書店で購入できます。トーハン，日販，楽天ブックスネットワーク，地方・小出版流通センターの取扱書ということで最寄りの書店にご注文下さい。なお，本状にて小社宛にご注文いただきますと，郵便振替用紙同封の上直送致します（送料実費）。小社ホームページでもご注文いただけます。http://www.kaichosha-f.co.jp

書名		冊
書名		冊

第七章 九電力体制と福岡の戦後（昭和20年代）

九電力体制と福岡の戦後①

茶人と電力再編、二足の草鞋

松永は1935（昭和10）年、還暦を機会に茶の湯に親しみ、東邦電力社長を退任。同時に、九州鉄道など百社を超える会社経営から引退後は「耳庵」と号する茶人として、隠居生活を送りました。

引退時、松永が唯一所有し役職を継続したのが、財団法人東邦産業研究所です。同研究所の福岡試験場は1938（昭和13）年12月、壮年期を過ごした福岡（糟屋郡多々良村＝現福岡市東区）に総工費30万円をかけて開設され、土木・農芸化学・応用化学・機械・林学の各分野で研究を進め、数多くの成果を収めました。

終戦後の混乱期、戦時中に設立した特殊会社日本発送電の民営化が課題となりました。復興のための安定的電力供給にむけて電力再編が必須となる中、再編の指導役として、松永の名前が挙がります。引退した松永に声がかけられた理由のひとつは、戦前から活躍した実業人の多くが、占領軍による公職追放処分を受けていたことでした。

吉田茂内閣の通商大臣・稲垣平太郎は、1949（昭和24）年11月、松永に指導役を頼むべく、進藤甲兵の甥で東邦電力に入社し、戦後は資源開発長官となっていた進藤武左エ門を使者に立て、小田原の松永の蟄居「松下亭」を訪問させます。

松永は東邦電力社長時代の1928（昭和3）年5月には「電力統制私見」を発表し、国家に頼らない民間主導による電力会社再編の必要性を説くなど、民間主導の再編こそ復興に必要であると考えていました。

松永は依頼を引き受け、電気事業再編成審議会会長となります。松永は池田勇人らと共闘し、多くの反対意見を押し切り、日本発送電の分割民営化（9電力体制）を実現したのです。

その際、電力事業の安定化のために電力料金の7割値上げを断行し、その強引さで「電力の鬼」と称されました

松永安左エ門が理事長を務める（財）東邦産業研究所福岡試験所絵葉書セット

1938（昭和13）年12月・絵葉書
所蔵：益田啓一郎

松永安左エ門が理事長を務めた（財）東邦産業研究所福岡試験所の外観（福岡県糟屋郡多々良村）。
1938（昭和13）年 12月・絵葉書セット　所蔵：益田啓一郎

九州電灯鉄道が建設した名島火力発電所。1960（昭和35）年 12 月まで稼働し、跡地は運動公園になった。
1937（昭和 12）年　所蔵：益田啓一郎

九電力体制と福岡の戦後②
福岡の戦後復興と天神ビル

松永は電力再編を成し遂げた直後の1951（昭和26）年、民間初のシンクタンクである公益法人「電力中央研究所」を設立します。これは、電力技術の研究開発を効率的に、国家介入などの外圧に影響されることなく実施するためのもので、9つの電力会社の合同出資ながら、完全中立を堅持した理想的な研究組織でした。

松永はこの頃、九州における電源開発の指導者として、また九州の財界の経営ご意見番として、頻繁に九州・福岡を訪れています。1950年代は「松泉会」など、松永を慕う有志の会も活発に活動をしており、松永は引く手数多の人気でした。

当時は松永の来福を知り、電力の安定供給の早期実現を陳情する経営者も多かったといいます。今日では考えられませんが、1960年代前半までは停電は当たり前の時代で、商売をする者にとって電力の安定供給は悲願でした。

1952（昭和27）年4月、占領軍による統制が解除されると、福岡市の天神地区でも再開発が一気に動き出します。

それまでは戦災で焼け残ったビルを改築した即席のオフィスビルしかなく、その中心ビルがかつて松永安左エ門が建てた旧九州電灯鉄道本社ビル（戦後は初代「天神ビル」の名称）でした。

同ビルには統制解除後に三菱グループがオフィスを構え、戦災で崩れ落ちた屋上の時計台に代わり広告看板を建てました。当時の福岡市は朝鮮動乱の勃発により、米軍板付基地などがあることで好景気となっていました。

オフィス需要の高まりの中、天神交差点角地という好立地にある天神ビルはその先陣となり、明治通り沿いを中心に金融系オフィスビルが林立していきます。

戦災で焼け野原となった天神地区。中央奥が、迷彩色に塗られ時計塔が焼け落ちた旧九州電灯鉄道本社ビル。左は岩田屋。

1945（昭和20）年頃・
落石栄吉著「戦後博多復興史」より

占領軍の統制解除で一気にビル建設が始まった頃の福岡市中心部（右手前は中洲）。
1954（昭和29）年頃　所蔵：益田啓一郎

統制解除を受けて改装した岩田屋と、オフィスビルとして再出発した旧九州電灯鉄道本社ビル（天神ビル）。
1953（昭和 28）年頃・絵葉書　所蔵：益田啓一郎

九電力体制と福岡の戦後③

天神ビルと摩天楼ビル街

1945（昭和20）年6月19日の福岡大空襲により、天神地区も多くが焼失しました。しかし被害は当時の福岡市の中心繁華街である博多部や東中洲の方が甚大で、このことが天神地区が戦後いち早く復興する原動力のひとつとなりました。

1946（昭和21）年には学校跡地に新天町が開業し、1949（昭和24）年には天神コアが建つ場所に九鉄マーケットを再興した「西鉄商店街（西鉄街）」が開業しました。西鉄商店街の土地は、松永安左エ門らが設立した昌栄土地が福岡市に貸与し公設市場があった場所です。

1950年代以降は天神一帯の都市計画（戦災復興事業、街路事業）が進みます。1961（昭和36）年11月1日には西鉄福岡駅の高架新駅が竣工しました。

同年12月23日には高架下に福岡バスセンターが設置されるなど、昭和30年代前半には交通体系の再整備が進みました。従来からの門司・佐賀に加えて、熊本・佐世保などの特急バスの天神への集約も、福岡バスセンターの開業時に行われています。

同じ頃、天神ビル（昭和35年竣工）、福岡ビル（昭和36年末竣工）をはじめとする高層ビル群が天神一帯に次々に建設され、福岡駅高架下には西鉄名店街も開業します。

中でも天神ビルは、旧九州電灯鉄道本社ビル跡地に建てられ、竣工当時は国内第2位の高さを誇るビルでした。短期に高層ビルを建築できる潜函工法で建築されたオフィスビルで、のち東京・霞ヶ関の高層ビル建設のモデルになりました。

九州電力が建設した天神ビルの地下には、天神地区の電力安定供給をコントロールする変電所が設けられ、松永が最初に天神の可能性を見出した場所に、現在も天神の顔として威容を誇っています。

平面時代の西鉄福岡駅前にある横断歩道を渡る人々。

1955（昭和30）年頃
所蔵：益田啓一郎

東京・大阪に先駆けて高層ビルが立ち並び「摩天楼」と呼ばれた頃の天神地区ビル群。
1963（昭和38）年頃　所蔵：益田啓一郎

統制解除後に次々と建つ天神地区のビル群。手前中央は日本銀行福岡支店。
1954（昭和 29）年頃　所蔵：益田啓一郎

天神交差点を通過する、西鉄ライオンズの初日本一を祝した優勝パレード。
岩田屋は同年増改築を行った直後である。
1956（昭和31）年 11 月　所蔵：西日本鉄道（株）

原雲仙小浜へ
ニュース

天神交差点と岩田屋、天神ビル　1960（昭和45）年頃（絵葉書）所蔵：益田啓一郎

西鉄福岡駅の高架新駅や福岡ビルが完成した当時の福岡市天神。
1962（昭和37）年頃　所蔵：西日本鉄道（株）

第八章

松永安左エ門が遺したもの

松永安左エ門が遺したもの①
電飾と花電車の文化

松永安左ェ門は、1910（明治43）年3月の第13回九州沖縄八県連合共進会と福博電気軌道の開業を盛り上げるため、初めての花電車を運行しました。

その後も、大正天皇の御大典奉祝や博覧会の開幕など、祝賀記念の花電車を運行して、福博の街に「花電車」を楽しむ文化が根付いていきました。

電飾（イルミネーション）文化も同様です。共進会の際は会場での夜景演出だけでなく、西大橋の袂に「スカイサイン」と名付けた電飾広告を登場させるなど、都市化・近代化の象徴としての電車・電気の宣伝と魅力アップに務めました。

終戦後、福岡市の復興の象徴としてネオンサインが街中に復活し、さらに花電車も復活。毎年5月の博多どんたくみなと祭りの恒例となり、1975（昭和50）年まで運行され、その後は花自動車に引き継がれました。

九州電灯鉄道本社ビル落成式当日の夜景ライトアップ
1917（大正6）年7月5日　所蔵：益田啓一郎

大正天皇御大典奉祝花電車（八千代・高御座・万歳・君が代）
1915（大正4）年11月　所蔵：益田啓一郎

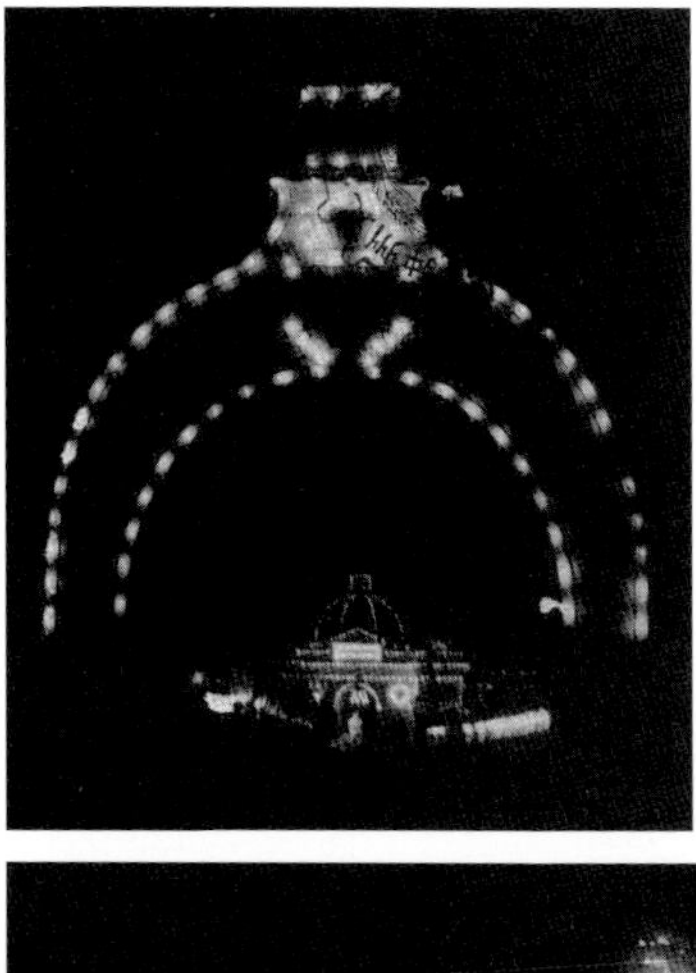

第13回九州沖縄八県連合共進会
イルミネーション（会場及び東公園）
1910（明治43）年3月
所蔵：益田啓一郎

花電車は戦後、昭和22年の憲法発布記念で復活し、昭和50年まで運行された（写真は天神電停）
1975（昭和50）年3月（新幹線博多開通＆福岡博記念）　所蔵：益田啓一郎

前身会社が東邦電力の子会社として出発した、西鉄不動産管理の西鉄街（西鉄商店街）の夜間ネオンサイン。
1955（昭和30）年頃（天神コアの前身施設）　所蔵：益田啓一郎

松永安左エ門が遺したもの②

都市の近代化と開発促進効果

福博電気軌道の開業直後から、自ら沿線の分譲地開発を進めた松永安左エ門ですが、電力供給が安定し交通体系の整備が進んだことで、福岡市の近代化は軌道に乗りました。

福岡市の市域は拡張を続け、明治末に8万人余だった人口は四半世紀後の1936（昭和11）年には30万人を突破しました。

市域が南へ一気に広がるきっかけは、1924（大正12）年の九州鉄道開業です。平尾駅（開業当時は八幡駅）は1926（大正15）年に全通した北九州鉄道（のち国鉄筑肥線）駅との乗換駅となったこともあり、高宮駅との間で民間事業者による宅地開発が進みました。

農園や牧場が広がる農耕地帯の山手には、昭和初期に平尾・高宮・多賀・野間に「文化村」と名付けられた新興住宅地が、次々に登場し人気を博しました。

平尾（高宮）文化住宅
1937（昭和 12）年
福岡市郷土写真帳より
所蔵：益田啓一郎

福博電車沿線に登場した大濠文化住宅
1937（昭和12）年・福岡市郷土写真帳より
所蔵：益田啓一郎

西鉄平尾駅
北九州鉄道時代は、この階段を下りた場所にガソリンカー専用の「平尾」停留所があったが、国有化で廃止された。
1957（昭和32）年頃
所蔵：益田啓一郎

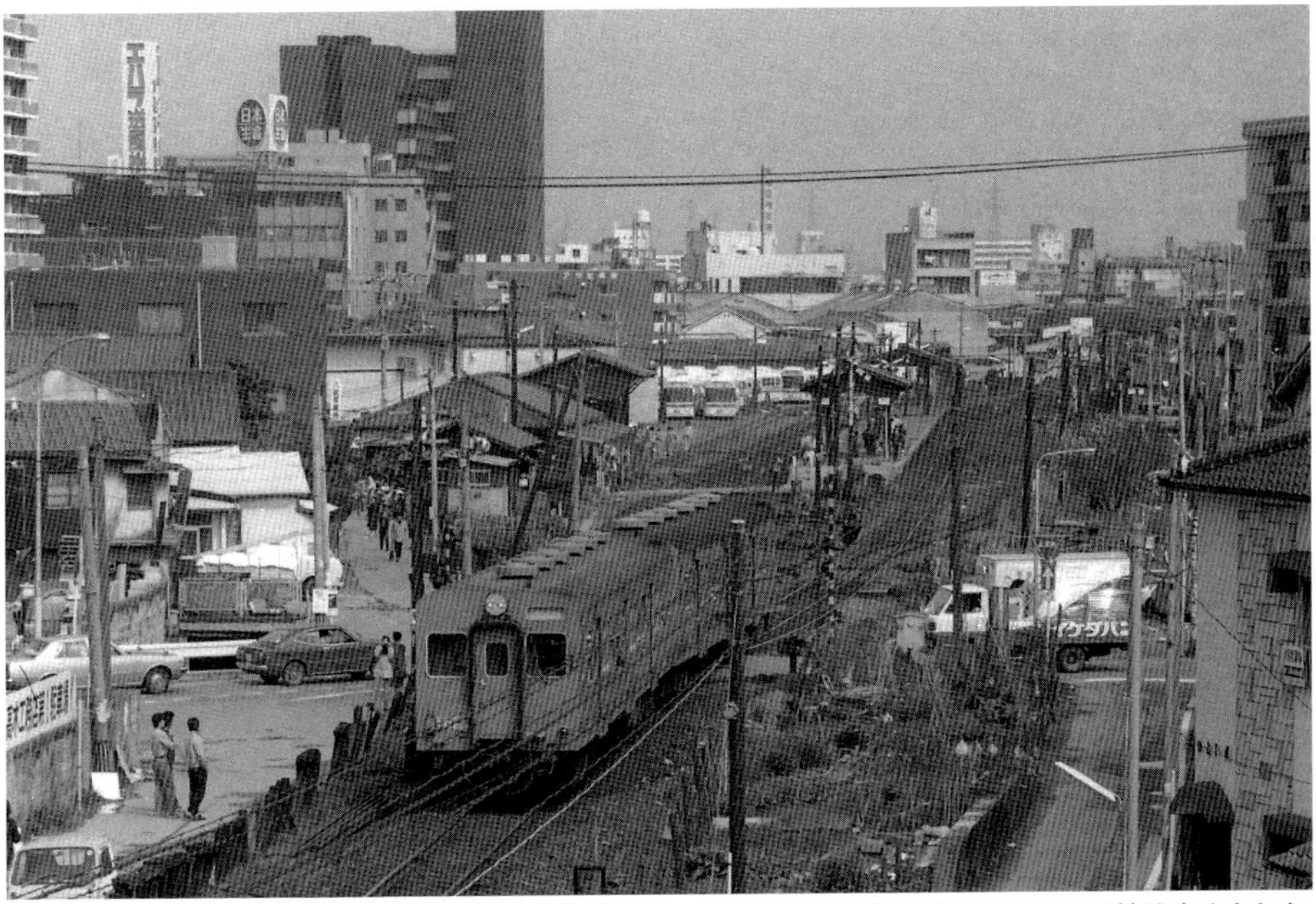

西鉄平尾駅ホームから国鉄筑肥線の筑前高宮駅を臨む。福岡市地下鉄の開業にともない同線は廃止された。
1983（昭和 58）年　所蔵：益田啓一郎

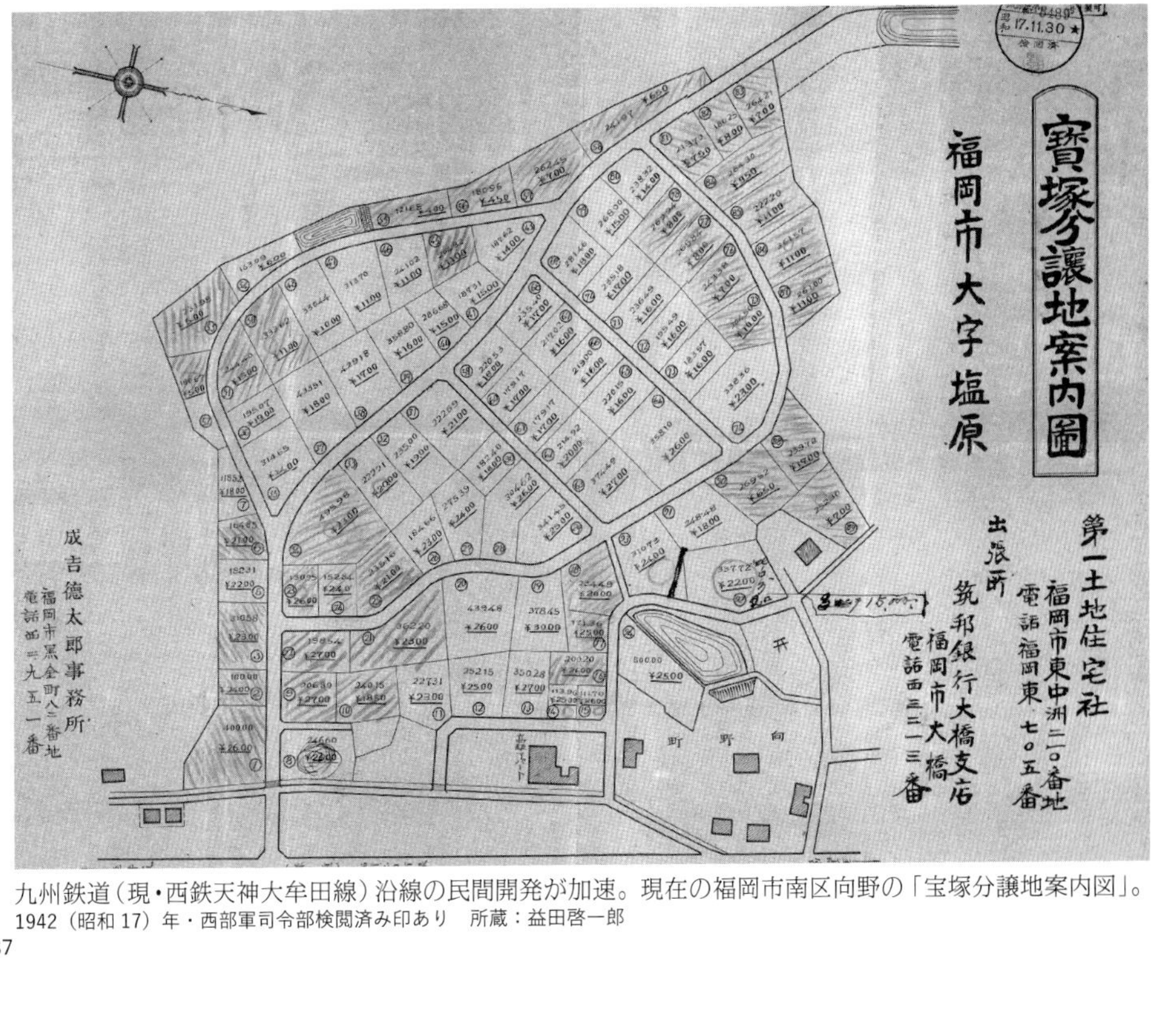

九州鉄道（現・西鉄天神大牟田線）沿線の民間開発が加速。現在の福岡市南区向野の「宝塚分譲地案内図」。
1942（昭和 17）年・西部軍司令部検閲済み印あり　所蔵：益田啓一郎

松永安左エ門が遺したもの③

国産初の電気気動車開発競争

地球環境への負荷を減らすための電気自動車や電気バスの開発が話題にのぼる昨今ですが、実は国産初の電気バスを開発したのは、松永安左エ門が社長時代の東邦電力です。

開発のきっかけは深夜の余剰電力の有効活用と、満州事変をきっかけとしたガソリンの統制でした。当時すでに欧米では電気バスが運行されており、欧米の視察を経て国内での導入を目論みました。

蓄電池に電気を貯めてモーターを駆動させる仕組みで、1930（昭和5）年から東邦電力と湯浅電池製造、中島製作所が共同で試作車の開発に取り組み、名古屋市電気局で運行試験を試みました。

1933（昭和8）年11月には、名古屋乗合自動車が7台で定期運行を開始。当時の蓄電池は引き出し式電池積み替え方式で、単一路線での営業でした。

名古屋乗合自動車はその後、1935（昭和10）年12月に名古屋市電気局に買収されます。電気バスはその後、大阪や神戸にも広がるも、ガソリン供給が回復したことで短期の運行で終わっています。

ところで、松永と福岡で電力覇権争いのライバルだった人物が、のちに西日本鉄道成立時の社長となる村上巧児でした。実は国産電気バスの開発競争でも、松永と村上の競争が激化していきました。

松永の東邦電力とほぼ同じ時期に村上が専務となった九州電気軌道でも電気バスの研究開発が始まっており、湯浅電池も開発グループに名を連ねています。東邦電力に遅れること半年、1934（昭和9）年8月に5台体制で北九州市内での運行が始まりました。

運行期間は他と同様に、ガソリン統制が解除されるまでの一年余でしたが、ライバルの存在が開発競争に打ち勝つ原動力だったことが伝わります。

九州電気軌道が開発し運行した電気バス
写真は北九州市小倉北区魚町付近

1934（昭和9）年頃・絵葉書
所蔵：益田啓一郎

松永安左エ門が開発を進めた国産電気バス。名古屋市電気局 15 周年記念の絵葉書セットより
1937（昭和12）年・吉田初三郎 画・名古屋市電気局発行（絵葉書）　所蔵：益田啓一郎

九州電気軌道が開発し運行した電気バス。部品まで全て純国産の電気バス第一号であった。
1934（昭和 9）年 所蔵：益田啓一郎

松永安左エ門が遺したもの④

公共サービス事業への情熱

松永安左エ門が福博電気軌道開業をめざして1909（明治42）年に福岡に本拠を置いてから30年を経た1939（昭和14）年、九州鉄道（現・西鉄天神大牟田線）は福岡〜大牟田間で全通しました。

松永が財界から引退後、戦時下の企業統合によって福岡県内の私鉄など交通機関は西日本鉄道に統合され、電力事業は戦後九州電力に、ガス事業は西部ガスへと再編成されました。

松永が構想した「交通・電力体系の一元化」は戦時体制下で実現し、公共サービス事業として、今日までそれぞれ進化発展しています。

戦後、松永は今日に続く電力事業再編・分割民営化（9電力体制）を実現し「電力の鬼」と呼ばれましたが、彼が福岡市、とくに天神地区に遺した功績は目に見えるものだけではありません。

「渡辺通り」に名を遺した渡邉與八郎がそうであったように、松永も天神の将来性を早くから見抜き、福岡市と天神地区が一体的に発展するための構想をひとつずつ実現していきました。

松永は意識的な先行投資が人の流れを生み出し、一致団結し人や資源を集中することで得られる効果も、実行することで伝えていったのです。

東邦電力の発足により松永は副社長となり福岡の地を離れますが、福岡に対する熱視線は続きました。

例えば1925（大正14）年、逓信省が無線放送の出願申請を開始し、九州は1局という方針が伝えられると、福岡では東邦電力をはじめ福岡日日新聞など8社が別々に出願。団結すべき状態と判断した松永ら経営陣の即断で、松永の盟友・太田清蔵（四代目・博多商業会議所会頭）を中心に団結して誘致活動を展開し、福岡放送局の開局へと繋がったのです。

九州電力の本社ビルとして、渡辺通角に建設された電気ビル（竣工当時）

1952（昭和27）年頃・古写真
所蔵：益田啓一郎

天神交差点と東邦電力福岡支店ビル（旧九州電灯鉄道本社ビル）
1937（昭和12）年　所蔵：益田啓一郎

熊本放送局のサブ演奏所から、1930（昭和5）年12月に福岡放送局へ異例の早期昇格。
1930（昭和5）年開局時（写真帖・絵葉書）　所蔵：益田啓一郎

松永安左エ門が遺したもの⑤
天神開発を受け継いだ先人たち

終戦後の1948（昭和23）年、松永の「天神開発」構想の一番の理解者であった岩田屋百貨店の中牟田喜兵衛を中心に、商店主たちが「都心界（設立時は都心連盟）」を結成し、共同宣伝や親睦会による連携を開始します。

さらに1955（昭和30）年には、天神地区の多業種100社が集い「天神発展会」が結成され、天神地区の一体開発に向けてのまちづくり活動が始められました。これが今日の「We Love天神協議会」の前身組織です。

博多地区の復興が遅れ気味となったのに反して、天神地区では新天町をはじめ、西鉄街や因幡町商店街などが次々と誕生しました。

岩田屋と西鉄福岡駅を中心に繁華街化が進み、昭和30年代中頃には博多地区を抜いて天神地区が商都・福博の中心地となります。

都心界をはじめ、天神地区が一体的に、意識的に発展したことは、各商業施設がそれぞれ発展の記録を10年ごとの節目に活動を「記念誌・周年史」という形で遺してきていることでも伝わります。

これは博多地区の商業施設にはないことで、玉屋百貨店をはじめ「博多五町」と呼ばれた博多地区の中心商店街にも記録本はありません。

都心界に加盟する商業施設をはじめとする天神地区の企業は、過去を振り返ることで初心を忘れず、さらなる発展に活かしてきました。

松永の意志を受け継ぎ、天神大牟田線と天神地区の開発を第一として事業を進めてきた西日本鉄道をはじめ、九州電力や西部ガスは、度重なる天神流通戦争で天神地区の商業勢力図が変化するなか、一環して縁の下の力持ち的な立場で発展を見守り続けています。

戦災復興のベースになった福岡市内線
1952（昭和27）年頃
所蔵：益田啓一郎

天神躍進の中心的役割を果たした岩田屋
1952（昭和27）年12月
所蔵：益田啓一郎

松永が建てた九州電灯鉄道本社ビル跡地に建つ天神ビル。写真は完成直前。地下に大変電所がある。
1960（昭和 35）年春　所蔵：益田啓一郎

天神地区発展の起点のひとつ、地平時代の西鉄福岡駅。
1955（昭和 30）年　所蔵：益田啓一郎

主な参考文献

「西日本鉄道百年史」西日本鉄道
「創立110周年記念誌　まちとともに、新たな時代へ」西日本鉄道
「躍進西鉄　創業50周年を迎えて」西日本鉄道
「九軌社報」（1931年～1942年）西日本鉄道
「東邦電力史」東邦電力史刊行会
「九電鉄二十六年史」九州電燈鉄道
「九鉄と沿線」九州鉄道
「岩崎建設百三十年史」岩崎建設
「福岡天神　都心界五十年の歩み」都心界
「大福岡今昔人物史」大福岡発展研究会
「私の人生読本」松永安左エ門 著
「自叙伝　松永安左エ門」松永安左エ門 著
「松永安左エ門著作集」松永安左エ門 著（五月書房）
「人間福澤諭吉」松永安左エ門 著（実業之日本社）
「松永安左エ門傳」宇佐美省吾 著
「松永安左エ門」三宅晴輝 著
「爽やかなる情熱　電力王・松永安左エ門の生涯」水木楊 著
「まかり通る　電力の鬼・松永安左エ門」小島直記 著
「松永安左エ門伝　電力こそ国の命」大下英治 著（日本電気協会新聞部）
「激流の人　電力王福沢桃介の生涯」矢田弥八 著（光風社書店）
「現代人物史伝　佐藤篤二郎」河野幸之助 著（日本時報社）
「九州の中心　福岡市大観」博文社書店
「福岡県案内」福岡県協賛会
「大名界隈誌」柳猛直・財部一雄 共著（海鳥社）
「天神のあけぼの・中牟田喜兵衛伝」花田衛 著（西日本新聞社）
「西鉄電車　特急電車から高速バス・路線バスまで」吉富実 著（ＪＴＢキャンブックス）

取材・資料提供・協力先一覧（敬称略）

壱岐松永記念館
壱岐市教育委員会
西日本鉄道株式会社
福岡市美術館
定村隆久
山本魚睡コレクション
特定非営利活動法人福岡鉄道史料保存会
吉富　実
平原健二

ターミナル百貨店化のため移転開業した２代目九鉄福岡駅
1936（昭和 11）年３月29日　所蔵：西日本鉄道（株）

益田啓一郎（ますだ・けいいちろう） 1966 年大分県生まれ。アーキビストとして活動中。ゼンリン子会社を経て 2000 年に独立後、社史・地域史の執筆、編集に携わりながら 10 万点超におよぶ古写真・絵葉書などの古資料を収集してきた。近年は西日本鉄道創立 110 周年史テーマ史「天神発展史」の執筆、「にしてつ Web ミュージアム」企画監修も担当。博多・冷泉地区まちづくり戦後史、博多祇園山笠「西流五十周年史」など、地域の近現代史の記録活動も多い。NHK「ブラタモリ」や、FBS「めんたいワイド」ひと駅ノスタルジーなど、テレビ番組や映画、舞台などの時代考証、LOVE FM「九電グループ presents 歴史ロマン街道」企画も担っている。著書に「ふくおか絵葉書浪漫」「伝説の西鉄ライオンズ」「美しき九州～大正広重・吉田初三郎の世界」など。
※アーキビスト（Archivist）＝文化、産業的な価値ある資料を集め、
それらを意義付けしながら活用する人材のこと。

■
アンティーク絵葉書・古写真にみる
懐かしの風景・街並みアーカイブス
www.asocie.jp/archives/
■

■
古写真《こしゃしん》・資料《しりょう》でみる
松永安左エ門《まつながやすざえもん》と福岡《ふくおか》の近代史《きんだいし》
2021 年 10 月 7 日　第 1 刷発行
■
著者　益田啓一郎
発行者　杉本雅子
発行所　有限会社 海鳥社
〒812-0023　福岡市博多区奈良屋町 13 番 4 号
電話 092（272）0120　FAX 092（272）0121
http://www.kaichosha-f.co.jp
印刷・製本　有限会社九州コンピュータ印刷
ISBN978-4-86656-108-0（定価は表紙カバーに表示）

松永安左エ門の特集ページをはじめ、
彼が経営した路面電車(西鉄福岡市内線)や
九州鉄道(西鉄天神大牟田線)などの歴史写真を
にしてつWebミュージアムで公開しています。

西日本鉄道では、所蔵する様々な資料を「にしてつWebミュージアム」としてインターネット上で公開しています。本書の基になった特集「松永安左エ門と天神大牟田線」をはじめ、「渡辺與八郎の未来都市」「天神明治通りの景観変遷」「西鉄ライオンズ・アーカイブス」など、特集ページも充実しています。ぜひご覧ください。

にしてつWebミュージアム
www.nishitetsu.co.jp/museum/

にしてつWEBミュージアム
で検索ください。

松永安左エ門が建設した九州電灯鉄道本社ビルの
竣工記念式典など、本書に掲載した貴重な写真群を
著者のアーカイブスサイトでも公開しています。

アンティーク絵葉書・古写真にみる
懐かしの風景・街並みアーカイブス
www.asocie.jp/archives/